职业技能培训鉴定教材
ZHIYE JINENG PEIXUN JIANDING JIAOCAI

医药商品购销员

（初级）

YIYAO SHANGPIN GOUXIAOYUAN

主　编　张建华　吴志勇
副主编　王亚平　李　静
编　者（按姓氏笔画排序）
于笑寒　于　跃　刘　妍　孙　滨　杨　明
张　磊　潘　平
审　稿　高广猷　王玉辉

中国劳动社会保障出版社

图书在版编目(CIP)数据

医药商品购销员：初级/劳动和社会保障部教材办公室组织编写．—北京：中国劳动社会保障出版社，2008

职业技能培训鉴定教材

ISBN 978-7-5045-7066-6

Ⅰ．医…　Ⅱ．劳…　Ⅲ．药品-购销-职业技能鉴定-教材　Ⅳ．F763

中国版本图书馆 CIP 数据核字(2008)第 063681 号

中国劳动社会保障出版社出版发行

（北京市惠新东街 1 号　邮政编码：100029）

出 版 人：张梦欣

*

北京隆昌伟业印刷有限公司印刷装订　新华书店经销

787 毫米×960 毫米　16 开本　9.25 印张　177 千字

2008 年 5 月第 1 版　2022 年 6 月第 17 次印刷

定价：17.00 元

读者服务部电话：（010）64929211/84209101/64921644

营销中心电话：（010）64962347

出版社网址：http://www.class.com.cn

内容简介

本教材由劳动和社会保障部教材办公室组织编写。教材以《国家职业标准·医药商品购销员》为依据，紧紧围绕“以企业需求为导向，以职业能力为核心”的编写理念，力求突出职业技能培训特色，满足职业技能培训与鉴定考核的需要。

本教材详细介绍了初级医药商品购销员要求掌握的最新实用知识和技术。全书分为四个模块单元，主要内容包括：接待与服务、药品知识、药品销售、药品的陈列与保管。每一单元后安排了单元测试题及答案，书末提供了理论知识考核试卷，供读者巩固、检验学习效果时参考使用。

本教材是初级医药商品购销员职业技能培训与鉴定考核用书，也可供相关人员参加就业培训、岗位培训使用。

前　言

1994年以来，劳动和社会保障部职业技能鉴定中心、教材办公室和中国劳动社会保障出版社组织有关方面专家，依据《中华人民共和国职业技能鉴定规范》，编写出版了职业技能鉴定教材及其配套的职业技能鉴定指导200余种，作为考前培训的权威性教材，受到全国各级培训、鉴定机构的欢迎，有力地推动了职业技能鉴定工作的开展。

劳动保障部从2000年开始陆续制定并颁布了国家职业标准。同时，社会经济、技术不断发展，企业对劳动力素质提出了更高的要求。为了适应新形势，为各级培训、鉴定部门和广大受培训者提供优质服务，教材办公室组织有关专家、技术人员和职业培训教学管理人员、教师，依据国家职业标准和企业对各类技能人才的需求，研发了职业技能培训鉴定教材。

新编写的教材具有以下主要特点：

在编写原则上，突出以职业能力为核心。教材编写贯穿“以职业标准为依据，以企业需求为导向，以职业能力为核心”的理念，依据国家职业标准，结合企业实际，反映岗位需求，突出新知识、新技术、新工艺、新方法，注重职业能力培养。凡是职业岗位工作中要求掌握的知识和技能，均作详细介绍。

在使用功能上，注重服务于培训和鉴定。根据职业发展的实际情况和培训需求，教材力求体现职业培训的规律，反映职业技能鉴定考核的基本要求，满足培训对象参加各级各类鉴定考试的需要。

在编写模式上，采用分级模块化编写。纵向上，教材按照国家职业资格等级单独成册，各等级合理衔接、步步提升，为技能人才培养搭建科学的阶梯型培训架构。横向上，教材按照职业功能分模块展开，安排足量、适用的内容，贴近生产实际，贴近培训对象需要，贴近市场需求。

在内容安排上，增强教材的可读性。为便于培训、鉴定部门在有限的时间内把最重要的知识和技能传授给培训对象，同时也便于培训对象迅速抓住重点，提高学习效率，在教材中精心设置了“培训目标”等栏目，以提示应该达到的目标，需要掌握的重点、难点、鉴定点和有关的扩展知识。另外，每个学习单元后安排了单元测试题，每个级别的教材都提供了考核试卷，方便培训对象及时巩固、检验学习效果，并对本职业鉴定考核形式有初步的了解。

本书由张建华（大连医科大学）、吴志勇（大连市职业技能鉴定中心）主编，王亚平（辽宁医学院）、李静（北京工业职业技术学院）副主编，高广猷（大连医科大学）、王玉辉（辽宁成大方圆医药连锁有限公司）审稿。

编写教材有相当的难度，是一项探索性工作。由于时间仓促，缺乏经验，不足之处在所难免，恳切希望各使用单位和个人对教材提出宝贵意见，以便修订时加以完善。

劳动和社会保障部教材办公室

目 录

第1单元

接待与服务

随着人们的消费心理日益成熟，市场机制的日益完善，药品市场的日益丰富，市场的天平已经由卖方向买方倾斜，能持续不断地为客户提供优质服务的企业就会在竞争中脱颖而出。所以，企业的购销人员要提高为客户服务的意识，始终保持以客户为中心的态度，做好接待与服务工作是销售过程中的重要内容。

第一节 接待

培训目标

- 掌握基本的仪态仪表和接待礼仪，能主动、热情地为顾客服务
- 熟悉基本的礼貌用语

一、基本仪态仪表

销售人员是企业形象的代表，销售人员在工作期间的个人形象及言谈举止反映了整个企业的精神面貌，所以每位销售人员都应该穿戴整洁、举止大方，具体要求如下：

1. 仪表要求

销售人员应面部清洁，男士不留胡须，女士须化淡妆，忌浓妆艳抹。

2. 着装要求

（1）服装。上班时应按照规范穿着企业统一的制服，各季节着装需分别统一。

（2）制服要求。销售人员的制服应干净、平整，扣齐所有纽扣，衣领无汗迹，衣袖及裤脚不得翻卷、挽起。

（3）鞋袜。销售人员上班时应穿黑色皮鞋。不得穿尖角的皮鞋、松糕鞋、露脚趾的凉鞋等休闲鞋。女销售人员穿裙子时应搭配肉色的长筒丝袜。

（4）饰物。销售人员上班时间不戴戒指、手链、耳环或其他夸张饰物。

3. 表情、言谈

（1）接待顾客、来访人员应保持微笑，主动打招呼，做到友好、真诚。

（2）与顾客交谈时应全神贯注，仔细倾听。目光正视顾客。

（3）通常情况下销售人员应讲普通话，鼓励销售人员学习当地方言，接待顾客时应使用相互都懂的语言，语调平和、热情、亲切、尊重。

（4）称呼顾客为“先生”“小姐”“女士”或“您”。如知道姓氏的，应称呼其姓氏，如“王先生”。

4. 行为、举止

（1）应做到行为举止庄重、大方、不卑不亢。精神饱满、站立服务，做到双目平视、挺胸、收腹。站立时拇指和其余四指分开，双手交叉，右手在上，左手在下，轻扣在下腹部；不能驼背、耸肩、插兜等，不能叉腰或将手臂交抱胸前，或放在背后；站立时不能斜靠在其他地方。

（2）不能在工作场所搭肩、挽手、挽腰，如需顾客避让时应讲“对不起”。

（3）不得随地吐痰、乱丢杂物，不得当众挖耳、抠鼻、修剪指甲，不得跺脚、脱鞋、伸懒腰等。

（4）上班时间不得闲聊，不得哼歌曲、吹口哨；接待顾客时，咳嗽、打喷嚏应转向无人处，并说“对不起”。

（5）各级管理人员不宜在顾客面前斥责销售人员。

（6）不得在工作场合议论顾客以及其他同事的是非。

二、接待礼仪

1. 面对面接待

（1）仪容仪表应符合企业要求，精神面貌应饱满。

（2）熟悉企业的基本技术，掌握基本的药物知识。

（3）顾客进店时，应面带微笑招呼顾客“小姐/先生：您好”。

（4）随时留意顾客的购物状态，当顾客表现出对药品感兴趣时，应及时上前询问顾客需要什么帮助。

（5）当顾客需要帮助时，应面带微笑向顾客打招呼，使用标准用语“先生/小姐，您好，请问有什么可以帮到您吗?”对顾客的称呼通常为“先生”“小姐”“小朋友”“阿婆”“老伯”“阿姨”等，如是老顾客，可称呼其姓氏，如“张先生”“李阿姨”“王老伯”等。

（6）如果正忙于接待顾客，另有其他顾客需要服务时，应用和缓的语气请其稍等，应说：“请您稍等，我马上就来”，并尽快完善对前一位顾客的服务。

（7）遇到不会讲普通话的顾客，且又听不懂顾客的语言时，应微笑示意顾客稍候，并尽快请能听懂该语言的人员协助。

（8）服务完毕后或顾客离开时，应向顾客致谢：“谢谢您的惠顾，请慢走。”

（9）到了停止营业的时间时，如仍有顾客希望购药，则要继续留岗服务。

2. 电话接待

（1）应在电话铃响三声之内及时接听电话。

（2）标准用语：“您好，×××店。”

（3）通话过程中请对方等待时应主动致歉：“对不起，请您稍等。”

（4）如接到的电话不在自己的工作范围之内，应告知其相关的电话或报告上级。

（5）通话应简单明了，不能用电话聊天，原则上不打私人电话。

（6）通话完毕应等顾客、上级领导先挂电话，其后方可挂断。

（7）接听电话应面带微笑。

3. 服务禁语

（1）顾客挑选商品时，禁止说以下内容：

1）不要摸商品，以免弄脏了。

2）人比较多，请你快点！

3）挑了这么久还不买？

（2）顾客退换货时，禁止说以下内容：

1）你刚买的，怎么就要换？

2）买的时候干什么去了？

3）你买的时候怎么没看清楚？

4）这不是我卖的，我不知道。

5）肯定是你不会用造成的，我们的药品绝对没有问题。

6）这药品不符合退货条件，不能退。

（3）当顾客需要帮助时，绝不能对顾客置之不理，更不能说以下内容：

1）我正忙着。

2）我没空。

3）不耐烦地说："等一下。"

4）到了下班时间，顾客仍在挑选药品时，不得有任何催促的言行，禁止说："能不能快点，我们要下班了。"

第二节 提供服务

培训目标

- 掌握顾客购买过程的心理阶段及其相应的销售战术和服务程序
- 熟悉顾客满意、顾客忠诚、顾客价值的概念
- 能够提高客户服务质量
- 了解包装的基本要求与方法

一、客户服务的质量

客户服务包括售前、售中和售后三个部分，通过客户联系、收集客户信息，了解客户需求，提供解决方案，解决客户存在的问题，满足客户的需求，客户服务是业务结构中的一个重要战略要点，客户服务质量主要从顾客满意、顾客忠诚、顾客价值几方面加以评价。

1. 顾客满意

顾客满意是一种心理感受状况，是顾客对某种产品在满足他需要与欲望方面实际与期望程度的比较与评价。实际效果大于期望是很满意；实际效果等于期望是满意；实际

效果小于期望是不满意。满意感在很大程度上取决于期望。而期望之中既包含顾客以往的经验，相关群体的影响，又很大程度上取决于市场营销者的刺激，如广告等各种信息和市场营销者的承诺。市场营销者也常常处在两难的境地，通过刺激提高顾客的欲望和期望，这样会吸引顾客购买；但把顾客期望提得过高，又会使顾客失望，从而影响顾客持久的购买，企业也就很难有持久的竞争优势。

顾客的满意并不一定对营销人员具有激励作用。与满意感相比，真正对营销人员具有激励作用的因素是奖酬（如成就感、受尊重、奖金、晋升等）。在市场营销中顾客满意体现的是顾客价值，“比较”是比较得到的价值与期望的价值的差别。满意、不满意是顾客价值比较的结果。

当从单向考察时，顾客满意与不满意是一次交易的结果，它并不影响顾客的再购买行为。但把市场营销看做是由多次重复交易构成的封闭的连续的过程时，顾客满意与不满意就成为重要的激励因素。

影响顾客满意和不满意的因素如下：

（1）不满意因素。在产品或服务中包含明示的或预期提供给顾客的用途或服务，是顾客认为不言而喻的特性，其满足顾客需求的程度，是影响顾客满意的因素，一旦有不到位的方面，就会造成顾客的不满，通常将其称为不满意因素。比如，买了一种感冒药，其治疗特性（或者说用途）就是一个不满意因素。如果买了一种感冒药丝毫不能减轻感冒症状，顾客就会很恼火和不满意，即使药品奏效，符合顾客要求，也不会使顾客满意，因为顾客认为这是应该的。

（2）中性因素。有一种因素，当顾客的需求没有得到满足时，就会感到很失望；如果得到应该得到的满足时，不会有什么强烈的反应；但是，如果做得很到位，就会增加顾客的满意度。这样的因素称为中性因素。比如，以约定的时间采购物品，如果不能如期到达，就会引起顾客抱怨；如果按时到达，顾客也许不会有什么反应；如果能提前到达，顾客则会很高兴。

（3）满意因素。顾客得到的意外收获，往往会使顾客非常满意，然而，如果不提供这些产品特性，也不会引起顾客不满，这样的因素称为满意因素。比如，购买药品所得到的超值服务；享受服务时所得到的意外礼品馈赠等。这些意外的惊喜往往会使顾客感到非常满意。

了解这些影响顾客满意的因素，就能很好地把握如何激发顾客满意。只有回避形成顾客不满意的因素，努力做好中性因素，尽力策划和实施让顾客满意的因素，才能不断地满足顾客要求，提高顾客满意度，从而实现顾客满意的质量目标，促进企业的发展。

2. 顾客忠诚

顾客忠诚，简单说就是顾客经常重复购买同一企业（或品牌）产品和服务的行为。但经常重复购买不一定是真正的忠诚。如果顾客主要是因为购买便利、价格诱人、信息不畅通等而经常光顾，或者转移成本太高，受垄断控制等而不得不光顾，那么一旦这些因素不存在了，顾客可能就会转移购买。顾客的这种忠诚是虚假的，带来的是一种暂时的稳定和繁荣，其背后潜伏着不同程度的危机。真正忠诚的顾客，在消费中对某家企业的产品和服务有一定的依赖性，在感情上有一定的偏爱，所表现出的行为是，不仅经常重复购买同一企业的产品和服务，积极为企业做宣传和向其他顾客推荐，而且不易受外界特别是来自竞争性企业的信息诱惑。当企业出现一些失误时，他们较容易谅解；当购买过程出现困难或中断时，则宁愿推迟购买或克服障碍去购买。当然，顾客忠诚的价值不仅仅是顾客将来持续购买所带来的直接价值，还包括其积极主动地宣传和推荐，不因外界信息干扰而转移所产生的间接价值。所以，保持和提高顾客的忠诚度，不应仅局限于激励顾客的重复购买方面，而应该在更高层次上全面分析其影响因素，寻求最佳的解决途径。

建立顾客忠诚非常重要。生产企业为节省交易成本，都希望尽量选择稳定的供应商，因此，要从别的供应商那里“撬来”一个顾客非常困难。有过营销经验的人都很清楚，开发一个顾客要比维护一个顾客多花几倍甚至更多的精力和费用。

影响顾客忠诚度的因素很多，既有企业方面的，也有竞争对手方面的、顾客自身方面的、社会环境方面的等。从企业提高顾客忠诚度的角度来看，主要包括以下几个方面：

（1）顾客的信任感。所谓信任消费是指消费者以购物的安全性作为强烈的购买和消费标准，并以对产品的信任感作为评价和消费产品的主要根据。在信任消费下，消费者对所购产品首先建立起一种信任预期，在这种信任预期的指导下建立自身的消费体系。凡是符合自身信任预期的产品，就会成为可选购的产品类别，不符合自身信任预期的产品则被排斥到可选购产品类别之外。这就是说，在信任消费下，信任感是顾客产生首次购买及持续忠诚购买行为的主要影响因素。信任购买和信任消费与购买及消费风险密切相关，顾客认为其购买和消费的风险越大，顾客的信任感对其忠诚度的影响就越强。

降低顾客的预期购买及消费风险，提高顾客的信任感，首先要通过各种可信度高的传媒及时准确地向顾客传递能令其信任的各种信息，如企业悠久和辉煌的历史，现代先进的生产经营条件，优秀的质量保证体系，企业家及其销售人员的诚信待客形象，各种权威机构的认证标志，有影响的组织和个人所给予的荣誉称号，老顾客的称赞等。其次，向顾客作出积极的适当的承诺，“积极”是说承诺的标准必须适应竞争的需要，并随着竞争的升级而提高，否则就难以吸引新顾客和留住老顾客，“适当”是说承诺的标准必须同自己的市场定位、条件和能力相配。最后，最关键的是要百分之百地甚至超出百分之百地兑现诺言。

（2）和顾客之间信息和情感的有效沟通。由顾客忠诚的内涵可知，顾客忠诚包括行为忠诚和情感忠诚两个密切相关的组成部分。行为忠诚是情感忠诚的基础，而情感忠诚反过来左右行为忠诚。忠诚度越高，情感成分所起的作用就越大。感情对培养和强化顾客忠诚能起到催化和凝固功效。在营销过程中，首先要充分利用已经存在的民族情、朋友情、同窗情、师生情、亲情等，寻找和开发潜在顾客，并建立顾客忠诚。

（3）顾客购买的不便程度。在替代产品种类繁多、竞争激烈的情况下，如果顾客不能较方便地购买到他所需要的产品，即使对以前的购买和消费高度满意，对企业及其产品高度信任，在情感上比较偏爱和留恋，也会因急于需要而转向购买竞争对手的产品，如果对手能满足其需要并能令其高度满意，再想拉回顾客就比较困难了。购买的任何不便对顾客忠诚都会产生一定的负面影响。药品经营企业欲提高顾客购买的便利程度，必须从以下几方面着手：

1）加强渠道网络建设，适当提高零售终端的分布密度。

2）做好物流管理，提高物流效率，确保产品供应的连续性。

3）加强货架管理，使顾客能看得见，注意得到，拿取方便。

（4）各种顾客忠诚奖励政策。顾客忠诚奖励政策具有明显的刺激性特点，其形式越新，幅度越大，对顾客忠诚度的促进作用就越强；但其他竞争对手却极易效仿和迅速跟进，从而使争夺顾客的竞争迅速达到白热化程度，导致顾客的期望值提高，经营成本上升，而成效却迅速递减；如果终止奖励政策的继续实施，则又会使顾客继续购买的积极性下降，甚至导致顾客流失。所以，不应把奖励政策当做建立和强化顾客忠诚的主要手段。

（5）各种相关组织和个人的互动作用。顾客的选购往往受到各种相关组织和个人的影响。如企业内部的营销员、服务员、接待员的言行和态度，零售商的形象和服务质量，大众传媒的新闻报道，政府组织、相关协会、科研机构、有关知名人士的观点和态度等，都会不同程度地左右顾客的忠诚购买行为。因此，有必要对自己的销售人员特别是与顾客接触频率较高的人员进行顾客服务意识和言行礼仪方面的培训，并对各种相关组织和个人实施有效的公共关系计划。

3. 顾客价值

人们在选择产品时，既要考虑产品的效用，又要将其效用与为获得此效用所要支付的成本相比较，最后作出选择决策。顾客效用与顾客成本的比较，即顾客价值。

随着市场营销领域“以顾客为导向”思想的建立，市场营销理念出现了从顾客满意、顾客忠诚到顾客价值的变化趋势。顾客价值已被视为企业竞争优势的新来源，顾客价值战略成为企业发展战略的重要内容。面对科学技术发展的日新月异以及信息产业的高速发展，企业必须依从不同的顾客细分和企业自身的核心竞争力，选择适宜的顾客价值定位，并以此为核心构建支撑体系，整合、协调内外部资源，发展企业专有技能、资产和信誉，向顾客提供独特的、竞争对手难以模仿的价值，从而获取持久的竞争和成长优势。

当今的顾客已不再是产品与服务的被动接受者，他们比以往掌握更多的知识、信息与技能，更热衷于学习与实践，在日趋宽泛的产品选择中享有主动权。因此，能够争取顾客、维系顾客，企业就能够获取持久的竞争优势，在激烈的市场竞争中立于不败之地。

与传统的营销概念相比，顾客价值的创新之处是企业站在顾客的角度来看待产品和服务的价值，这种价值不是由企业决定的，而是由顾客实际感知的。从这个意义上说，顾客价值是顾客感知价值，是顾客感知利得与感知利失之间的权衡。顾客价值是顾客所得到的收益总和减去其在获取产品和服务时所付出的成本。收益在某种程度上形成了价值，这个价值是指产品或服务提升了顾客的绩效或经验。成本包括购买和维护上的支出，以及花费在延期、差错和努力上的时间和精力，有形的与无形的成本抵减了价值。从顾客满意、顾客忠诚到顾客价值的每一阶段，企业的经营侧重点都存在差异。产品质量、服务质量、价格以及企业与顾客的关系等构成了顾客价值的来源。

注重顾客满意关注的是如何使购买产品和服务的顾客感到满意，而较少关注竞争对手与其顾客的情况，与顾客之间的关系往往是静态的，单方的“取悦”，并通过这种“取悦”来获取现有顾客对产品的忠诚；而注重顾客价值与竞争力相匹配是基于自己的价值定位，向目标顾客提供超越竞争对手的价值，而顾客为了使自己获得的感知价值最大，也更加乐于维持互动的关系。因此，争取顾客满意、顾客忠诚仅仅是企业在营销中的战术问题，而创造顾客价值则是获取持久竞争优势的战略问题。应该指出的是，顾客价值并不是对顾客满意、顾客忠诚的否定，而是在新的市场竞争形势下对顾客满意、顾客忠诚的扩充与发展，它为进行战略选择、提升自身的竞争力提供了一个全新的理念与方法，是获取竞争优势的新来源。

二、客户心理

“知己知彼、百战不殆”。营销人员在工作过程中，只有了解顾客心理，才能更好地服务顾客并出色完成销售任务。所谓顾客心理是顾客在购买过程中的内心活动，它对顾客的购买行为起关键性的作用，营销人员要知道如何服务好顾客，就必须先了解顾客购买药品的心理过程。顾客在购买动机驱动下步入药店，从对药品的选择、评价到购买等心理活动大致要经历如下 8 个阶段。

1. 观察阶段

顾客跨入店门，通常都有意或无意地环视一下门面、橱窗、货架陈列、营业厅装饰、环境卫生、秩序以及销售人员的仪表等，初步获得对店容店貌的感受，这个阶段为观察阶段。

顾客进店的意图一般可分为以下 4 类：

（1）有明确购买目标的全确定型顾客，即有备而来者。这类顾客进店迅速，一般进店后目光集中，脚步轻快，迅速靠近货架或药品柜台，开门见山地索取货样，急切地询问药品价格，如果满意，会毫不迟疑地提出购买要求。

（2）有一定购买目标的半确定型顾客，即小心谨慎者。这类顾客有购买某种药品的目标，但对具体的类型、药品的功效不是很清楚。进店后一般认真巡视，主动询问各种药品的功效及用途。

(3) 难为情者。这类顾客通常有着某种特殊的购买目的，但对应该买什么药品却没有主意，又羞于启齿。这类顾客通常四周巡视，在店内滞留良久而又不提出任何购买要求或不进行咨询。

(4) 以闲逛为目的的随意型顾客。这类顾客进店没有固定目标，甚至原先就没有购买药品的打算，进店主要是参观、浏览，以闲逛为主。

2. 兴趣阶段

有些顾客在观察药品的过程中，发现目标药品后，便会对它产生兴趣，此时，他们会注意到药品的质量、产地、功效、包装、价格等因素。当顾客对某一产品产生兴趣之后，不仅会以主观的感情去判断药品，而且还会加上客观的条件，以作合理的评判。

3. 联想阶段

顾客在对有兴趣的药品进行研究的过程中，自然而然地产生有关药品的功效以及可能满足自己需要的联想。联想是一种当前感知的事物引起的对与之有关的另一事物的思维的心理现象，顾客因对药品有兴趣而引起的联想能够使顾客更加深入地认识药品。

4. 欲望阶段

当顾客对某种药品产生了联想之后，就开始想购买药品了，但是这个时候会产生一种疑虑："这种药品的功效到底如何呢？还有没有更好的呢？"这种疑虑和愿望会对顾客产生微妙的影响，而使得他虽然有很强烈的购买欲望，却不会立即决定购买这种药品。

5. 评估阶段

顾客形成关于药品的初步概念以后，主要进行的是产品质量、功效、价格的评估，会对同类药品进行比较，此时营销人员给顾客提供意见至关重要。

6. 信心阶段

顾客做了各种比较之后，可能决定购买，也可能失去购买信心。失去信心的可能原因是：药品的陈列或售货方法不当，使顾客觉得无论怎样挑选也无法挑到满意的药品；营销人员对药品知识的了解不够，总是以"不知道""不清楚"回答顾客，使顾客对药品的质量、功效不能肯定；顾客对药店缺乏信心，对售后服务没有信心。

7. 行动阶段

顾客决定购买，并说"我要买这个"，同时付清货款，这种销售行为叫做成交。成交的关键在于能不能巧妙地抓住顾客的购买时机，如果失去了这个时机，就会功亏一篑。

8. 感受阶段

购后感受既是顾客本次购买的结果，也是下次购买的开始。如果顾客对本次结果满意，就有可能进行下一次的购买。

三、服务程序

根据顾客购买过程中的几个心理发展阶段，营销人员要随着这一心理阶段的发展而采取与之相适应的销售战术。销售战术要与顾客购买的心理发展阶段相适应才能有效地达成交易。成功交易的达成主要经过以下几个服务程序。

1. 等待应对时机

等待是指等待顾客进店的时间段。在这段时间里，为了让顾客在最初的观察中得出一个满意的印象，营销人员必须遵循以下几个原则：

（1）应站在规定的位置上。所站立的位置是以能够照顾到自己负责的柜台最为适宜，而且最好站在容易与顾客初步接触的位置上。

（2）要以良好的态度迎接顾客。在没有顾客的时候，也应保持良好的站立姿势和饱满的精神状态，双手轻握或轻放在柜台上，时刻准备迎接顾客。在货架旁整理货物时，严禁聊天、无精打采、低头沉思等，避免给顾客带来不愉快感觉。

（3）在天气不好或其他原因导致顾客稀少的时候，不应因无所事事而影响情绪，而应安排其他工作，如检查药品、整理与补充货架或清洁货架及柜台，一方面可以保持工作情绪，另一方面可以吸引顾客的注意。应该时时把顾客放在第一位。无论正在做什么，只要顾客有需要，就应放下手头的工作，留意顾客的一举一动，随时为顾客提供服务。

2. 观察顾客，选择适当时机接近

（1）所谓观察顾客，即判断顾客所属类型，以采取相应的接待方法。

对于全确定型顾客，业务应熟练，熟知同类药品的价格及摆放位置，对于顾客提出的购买要求，可以迅速而准确地进行取货、报价、包装、收银等操作。

对于主动开口询问的半确定型顾客应熟悉各种药品的功效、适用人群及价格，热情介绍、对答如流，必要时转给驻店药师进行处理。

对于难为情的顾客，应细心观察顾客，主要留意哪一方面的药品适合该顾客，不怕尴尬，大方主动地进行询问及推荐，应注意控制音量，以免引起顾客尴尬。

对于随意浏览的顾客，应顺其自然，不主动向顾客询问或推荐，应让顾客自然、舒适地在店内浏览，一旦顾客发现感兴趣的药品，有所示意，则应立即上前服务。

（2）仔细观察顾客的特征之后，便可选择适当的时机接近顾客。具体技巧请见第三章相关内容。

3. 推荐、展示和说明药品

在适当时机与顾客初步接触成功之后，接下来要做的就是药品的推介及展示。推介和展示的目的在于让顾客了解其要购买的药品种类、功效及价格，同时给顾客一个直观的印象，激发顾客的购买兴趣。此时，为了适应顾客自尊心的要求，应对同类药品从低价至高价进行推介，同时应该熟悉各种药品的功效及适用人群，以便向顾客进行介绍。在介绍药品时，还必须注意说话的语调和口气，态度应诚挚，介绍恰如其分、简明扼要、速度平稳，语气应坚定、不容置疑，以坚定顾客的信心。应注意的是对于药品的功效应实事求是，绝对不能信口开河，夸大其词，以免破坏药店的信誉及失去顾客信任。

4. 劝说

对于听了药品介绍后仍犹豫不决的顾客，应在细致观察顾客的感知反应后，进行诱导劝说，营销人员一般可采取以下几方面措施：

（1）根据顾客对药品不满意的地方进行委婉的诱导说服，使之对不满意的理由发生动摇，进而发展到购买过程的阶段。

（2）站在顾客的立场对药品所能产生的作用进行描绘，加强顾客的购买信心。

（3）如实在不能使顾客对现有产品满意，则不应勉强顾客，否则会使顾客产生抗拒的购买心理。

（4）要抓住时机推荐代用性或连带性药品，提示购买的方便，使其产生周到服务的感觉，满足顾客求方便、求实惠的心理。

5. 捕捉成交信号

在与顾客接触的过程中，要密切注意掌握最佳成交时机。所谓最佳成交时机，就是指顾客购买欲望最强、最渴望占有药品的时机，也就是各方面条件都成熟的时候。当这个时机来临的时候，顾客的言行表情会发出相应的成交信号。

6. 促进购买决心

对于犹豫中的顾客，营销人员应采取措施促使其尽快下定决心，其方法如下：

（1）二选一提问法。应当问顾客“你需要这个还是那个？”而不应该问“你要这个吗？”

（2）动作促进法。如拿起发票准备填写，或拿塑料袋准备包装。

（3）感情促进法。为促使顾客下定决心，以真诚、恳切的态度与顾客对话，从而打动顾客的心，让顾客觉得确实是在为他着想而下定购买决心。例如：“这药品真的不错，你可买小装的试用一下。”

7. 交易的促成

当顾客下定购买决心后，就将付诸实施，形成购买行动，此时营销人员应做好以下几项工作：

（1）表示谢意与赞许。顾客作出购买决定后，营销人员应对其购买行为作出恰当的赞许、夸奖，并表示谢意，增添成交给双方带来的喜悦气氛。

（2）包装药品。要求整洁美观、便于携带、快捷妥当。包装前应先检查药品包装有无破损，及时调换。并应尽量满足顾客的包装要求。

（3）收取货款。收取货款前一定要再看一次标签确认价格，接过现款时要说出金额，否则可能遇到麻烦；找钱不能丢到台面，而应再数一遍交给顾客。

（4）递交药品。认真检查无误后，按先找钱，后递药品的顺序，将药品双手递交给顾客。

(5) 说明药品使用方法及注意事项。这时顾客更会觉得服务热情周到。

(6) 感谢顾客光临。对顾客说“谢谢光临”“您慢走”等。

8. 包装服务

优美的包装能让顾客觉得药店或药品档次高，提着带有店名或药名的包装也是一种广告，顾客拎着美丽精致的包装袋，既有一种满足感，同时又为药店或药品作了免费宣传。

(1) 包装的功能。对于那些没有包装或需要进一步包装的药品，一定要热心地为顾客包装好。包装的作用有以下几个方面：

1) 保护药品。保护药品免受振动、冲击等物理刺激，及湿度、温度、氧化、腐蚀等化学变化。

2) 促进销售。视觉效果良好可起到无声销售的作用，对顾客具有极大的吸引力；良好的药品包装，还能起到广告的作用，而且这种包装广告能随购买者一起进入家庭，向更多的人宣传。

3) 方便。良好的包装便于顾客携带，对众多零散的药品而言，包装给顾客提供了极大的方便，还能防止遗失。对于一些易碎、怕水的药品，包装在一定程度上还可以防止意外事故的发生或环境污染。

4) 表现药品的价值。好的包装不仅可以给顾客带来方便，同时还可以体现药品的价值。

(2) 包装的原则。在对药品进行包装时，营销人员应遵循以下几个原则：

1) 整齐美观、安全牢固和便于携带。

2) 快捷稳妥和轻拿轻放。

3) 注意检查药品是否有破损或缺漏，如有，应另换一件好的补齐，以示对顾客负责；如果顾客购买的品种较多或量比较大时，营销人员则应询问顾客商品是否要暂时寄存或邮送。

(3) 包装的材料。在包装之前，要准备好以下几种包装材料：

1) 包装纸。各种彩色、花纹和各种规格的包装纸（一般分为大、中、小）。

2) 各种颜色和花样的包装袋。例如，透明的包装袋可以看到药品的，适用于精美礼品的包装。

3) 材料、规格和型号不一样的包装盒，以适用于各种药品，如纸包装盒、塑料包装盒等。

4) 质材、颜色、粗细不一样的包装绳，以适用于各种药品，如尼龙绳、麻绳等，最好有透明胶纸，包括无色透明胶纸和黄色透明胶，还要准备一些双面胶。

另外，橡皮筋、剪刀、胶水、订书机、小刀等也是必不可少的用具。

第三节 营销人员的沟通技巧

培训目标

- 熟悉营销人员的展示流程
- 掌握营销人员的沟通技巧，能够成功完成业务拜访

一、展示流程

营销人员工作对象的特殊性，决定了对方对营销人员及其推出的产品都会在一个较高的层次上用挑剔的眼光给予评定，因此也对营销人员各方面的知识及个人素质提出了更高与更严格的标准，掌握与运用基础工作的流程，对营销人员的业绩有至关重要的作用，归纳起来有以下四个方面：

1. 展示自我

（1）从充沛的精神、整齐合体的衣着及对人彬彬有礼的态度中展示自己良好的气质与风度。

（2）从对人真诚、友善、豁达、乐观、善解人意中展示自己良好的教养。

（3）从交谈中的机智，对机会的敏锐把握以及对各种交谈技巧的娴熟运用中展示自己的精明才干。

（4）从各种知识范围的涉猎及对医药专业知识的掌握程度上展示自己的知识含量与专业化的水准。

良好的自我展示是让对方接纳营销人员、营销人员所在的企业及产品的基础和首要条件。展示不是自我吹嘘、自我标榜，一切浮夸与伪装终会被眼光挑剔的客户识破，应展示自己潜意识所表现出来的自我拥有并成为习惯的东西。要从以上几个方面不断地加强修养，在生活与学习中不断地完善自己的人格，力求把前期有意识的行为变为无意识的习惯。这也是营销人员必须给自己提出的要求与长期的自我发展目标。

2. 展示企业

营销人员的工作不是独立的，是企业整体营销的有机组成部分。企业形象与品牌在医生心中的信任程度，很大程度上决定了医生对产品的使用程度。营销人员在充分展示自我的同时，实际上也在从另一个角度展示着企业。营销人员在工作中将自我与企业紧密结合起来，通过自己将企业展示给医生，给医生信心，是促销的重要手段。要做到这一点，营销人员应做以下几方面的工作：

(1) 全方位了解认识自己的企业，充分理解自己企业的经营理念、经营原则与价值观。

(2) 认真分析、提炼、归纳自己企业的优势。

(3) 正确对待企业内部管理及运行机制中不尽如人意的地方。

(4) 充分认识自己在企业的工作目的及企业为实现营销人员目的能提供的支持与帮助。只有自己对企业建立了充分的信心，才能在言行中由衷地表现出对企业的赞誉与自己对企业的信心，才能感染对方。只有从内心深处发出的赞誉才是可信的。

3. 展示新概念

营销人员宣传、推广的药品一般是新药，另有部分是新剂型或老药品的新用途，围绕这些都有许多新理论及新的应用概念，完整准确地展示所推广药品的新理念是让医生接纳药品的关键，营销人员需要了解并展示的内容如下：

(1) 围绕该品种的理论及临床的发展背景。

(2) 该药及相关药品的发展历史及相互比较。

(3) 该药在临床应用中实际效果的理论基础。

(4) 该药在临床验证或实际应用中的具体情况。

4. 展示产品

展示自己、展示企业、展示新概念的最终目的是为了促销产品，营销人员在做好前面三个展示后，还需要展示以下几个内容：产品的特性（先进性、科学性、适用性）；产品与其他同类产品的差异性、优越性；产品的质量可靠性与保证体系。

差异经营或优势经营是营销人员击败竞争对手的法宝，是必须掌握的。四种展示的综合运用也就是营销人员的基础工作流程或基本工作方式。需要注意的是，所展示的是自己有的，而别人尚不了解的东西。无中生有只能蒙混一时。

熟悉有关产品的各方面知识，从各方面回答医生可能提出的问题，也是对营销人员知识的检验。营销人员需不断通过各种途径，利用既往扎实的医药基础知识及临床经验，坚持有目的地去检索、收集有关最新资料，并应用于推广。

二、拜访流程

销售一共有五大步骤，包括事前的准备、接近、需求探寻、产品的介绍与展示、缔结业务关系，而所有这些工作无一不是建立在拜访客户之上的。因此，作为一名职业营销人，如何建立自己职业化的拜访之道，然后再成功地运用它，将成为突破客户关系、提升销售业绩的重要砝码。下面举例介绍陌生拜访和二次拜访的流程。

1. 陌生拜访

陌生拜访：让客户尽可能地多说。

营销人员的角色：只是一名学生和听众。

让客户出任的角色：一名导师和讲演者。

（1）前期的准备工作。有关本公司及业界的知识、本公司及其他公司的产品知识、有关本次客户的相关信息、本公司的销售方针、广泛的知识、丰富的话题、名片、电话号码簿。

（2）拜访流程设计。

1）打招呼。在客户未开口之前，营销人员以亲切的语气向客户打招呼问候，如“王主任，早上好!”

2）自我介绍。介绍公司名称及自己的姓名并将名片双手递上，在与客户交换名片后，对客户表达谢意，如“这是我的名片，谢谢您能抽出时间让我见到您!”

3）破冰。营造一个好的气氛，以拉近彼此之间的距离，缓和客户对陌生人来访的紧张情绪，如“王主任，我是您部门的某某介绍来的，听他说，你是一个很随和的领导”。

4）开场白的结构。①提出议程。②陈述议程对客户的价值。③时间约定。④询问是否接受。如“王主任，今天我是专门来向您了解你们对××产品的一些需求情况，知道你们明确的计划和需求后，我可以为你们提供更方便的服务，我们谈的时间大约只需要5分钟，您看可以吗?”

5）巧妙运用询问术，尽量让客户多说。

①设计好问题漏斗。通过询问客户来达到探寻客户需求的真正目的，这是营销人员最基本的销售技巧，在询问客户时，问题面要采用由宽到窄的方式逐渐进行、深度探寻。如“王主任，您能不能介绍一下贵医院今年×种药品销售趋势和情况?”“贵医院在哪些方面有重点需求?”“贵医院对××药品的需求情况，您能介绍一下吗?”

②结合运用扩大询问法和限定询问法。采用扩大询问法，可以让客户自由地发挥，让他们多说，从而知道更多的东西，而采用限定询问法，则让客户始终不远离会谈的主题，限定客户回答问题的方向，在询问客户时，营销人员经常会犯的毛病就是“封闭话题”。如“王主任，贵医院的药品需求计划是如何报审的呢?”这就是一个扩大式的询问法。如“王主任，像我们提交的一些供货计划，是需要通过您的审批后才能在下面的部门去落实吗?”这是一个典型的限定询问法。而营销人员千万不要采用封闭话题式的询问法来代替客户作答，以避免造成对话的中止，如“王主任，你们每个月销售××药品大概是六万元，对吧?”

③对客户谈到的要点进行总结并确认。根据会谈过程中所记下的重点，对客户所谈到的内容进行简单总结，确保清楚、完整，并得到客户一致同意，如“王主任，今天我跟您约定的时间已经到了，今天很高兴从您这里听到了这么多宝贵的信息，真的很感谢您！您今天所谈到的内容一是关于……二是关于……三是关于……是这些，对吗?”

6）结束拜访时，约定下次拜访内容和时间。在结束初次拜访时，营销人员应该再次确认一下本次来访的主要目的是否达到，然后向客户叙述下次拜访的目的、约定下次拜访的时间。如“王主任，今天很感谢您用这么长的时间给我提供了这么多宝贵的信息，根据您今天所谈到的内容，我将回去好好地做一个供货计划方案，然后再来向您汇报，我下周二上午将方案带过来让您审阅，您看可以吗?”

2. 二次拜访

二次拜访：满足客户需求。

营销人员的角色：专业方案的提供者或问题的解决者。

让客户出任的角色：一位善于对有关业务问题提出质疑的专家。

（1）前期的准备工作。整理上次客户提供的相关信息，做一套完整的解决方案或应对方案，熟练掌握本公司的药品知识，本公司的相关药品资料、名片、电话号码簿。

（2）拜访流程设计

1）电话预约及确认。如“王主任，您好！我是××公司的小周，上次我们谈得很愉快，我们上次约好今天上午由我带一套供货计划来向您汇报，我九点整准时到您的办公室，您看可以吗?”

2）进门打招呼。第二次见到客户时，仍然在他未开口之前，以热情、亲切的口吻向客户打招呼问候，如“王主任，上午好啊!”

3）再次破冰。再度营造一个好的会谈气氛，重新拉近彼此之间的距离，让客户对营销人员的来访产生一种愉悦的心情；如“王主任，您今天的气色真好!”

4）开场白的结构。①确认理解客户的需求。②介绍本公司药品或方案的重要特征和带给他的利益。③时间约定。④询问是否接受。如“王主任，上次您谈到在订购××药品时碰到了几个问题，它们分别是……这次我们专门根据您所谈到的问题做了一套计划和方案，这套计划的优点是……通过这套方案，您看能不能解决您所碰到的问题，我现在给您做一下简单的汇报，时间大约需要 15 分钟，您看可以吗?”

5）专业导入 FFAB，不断迎合客户需求。FFAB 是以下几个英文单词的首字母：feature——药品或解决方法的特点。function——因特点而带来的功能。advantage——这些功能的优点。benefits——这些优点带来的利益。

导入 FFAB 之前，应分析客户需求比重，给药品的销售重点排序，然后再展开 FFAB。在展开 FFAB 时，应简易地说出药品的特点及功能，避免使用深奥难懂的术语，引述其优点及客户都能接受的一般性利益，以对客户本身有利的优点做总结。在这里，营销人员应记住，客户始终是因你所提供的药品和服务能给他们带来利益，而不是因对你的药品和服务感兴趣而购买。

6）介绍解决方法和药品特点。程序如下：

①根据客户的信息，确认客户的每一个需要。

②总结客户的这些需要应该通过什么方式来满足。

③介绍每一个解决方法和药品的几个重要特点。

④就每一个解决方法和药品所带来的功能征得客户的同意，肯定能满足他的需求。

7）面对客户疑问，善用“加减乘除”。

①当客户提出异议时，要运用减法，求同存异。

②当在客户面前做总结时，要运用加法，将客户未完全认可的内容附加进去。

③当客户杀价时，要运用除法，强调留给客户的药品单位利润。

④当营销人员自己做成本分析时，要运用乘法，算算给自己留的余地有多大。

8）要求承诺与缔结业务关系。这一阶段有三个程序：重提客户利益、提议下一步骤、询问是否接受。

当营销人员做完上述三个程序后，接下来就应该为客户描绘其购买药品或服务时可能产生的效果，最终刺激准客户的购买愿望，一旦客户无意中发出如下信息：

客户的面部表情：频频点头，定神凝视，不寻常的改变。

客户的肢体语言：探身往前，由封闭式的坐姿转为开放式的坐姿，记笔记。

客户的语气言辞：这个主意不坏等。

那就表示，客户已经被营销人员说服，营销工作已经接近成功。

单元测试题

一、填空题（请将正确的答案填在横线空白处）

1. 顾客在购买过程中，包括________、________、________、________、________、________、________、________8个阶段。

2. 营销人员工作流程中的四个展示包括________、________、________、________。

3. 销售的五大步骤是指________、________、________、________、________。

二、简答题

1. 什么叫顾客满意和顾客忠诚？影响顾客忠诚的因素有哪些？

2. 包装的原则及其注意事项有哪些？

3. 陌生拜访和二次拜访都需要注意哪些事项？

单元测试题答案

一、填空题

1. 观察　兴趣　联想　欲望　评估　信心　行动　感受　2. 展示自我　展示企业　展示新概念　展示产品　3. 事前的准备　接近　需求探寻　产品的介绍与展示　缔结业务关系

二、简答题

答案略。

第2单元

药品知识

如果药品应用不当，可能威胁生命，所以，药品知识是初级医药商品购销员必须牢固掌握的部分。药品销售的多个环节都需要熟练运用药品知识，所以，熟知常见药品的功效、不良反应、配伍禁忌、使用注意及同类药品的不同特点；熟悉常见病的健康保健知识；熟悉老顾客的健康档案内容，及时为其提供健康信息，确认患者知道如何服药，避免不良反应的发生。要做好处方调配，对针剂、二类精神药品要设专柜专锁，设处方药销售记录，提醒顾客并记录，这些在服务中也都是必不可少的内容，都需要熟知药品相关知识。

第一节 处方药和非处方药

培训目标

- 掌握处方药和非处方药的概念，能区分处方药与非处方药
- 熟悉处方药和非处方药的分类管理办法及其流通管理的有关规定
- 能够识别非处方药的专有标志并能正确使用

一、处方药和非处方药的分类管理办法

为保障人民用药安全有效、使用方便，根据《中共中央、国务院关于卫生改革与发展的决定》，制定处方药与非处方药分类管理办法。处方药必须凭执业医师或执业助理医师处方才可调配、购买和使用；非处方药不需要凭执业医师或执业助理医师处方即可自行判断、购买和使用。其管理要点如下：

1. 根据药品品种、规格、适应证、剂量及给药途径不同，对药品分别按处方药与非处方药进行管理。处方药必须凭执业医师或执业助理医师处方才可调配、购买和使用；根据药品的安全性，非处方药分为甲、乙两类，非处方药不需要凭执业医师或执业助理医师处方即可自行判断、购买和使用。

2. 国家药品监督管理局负责处方药与非处方药分类管理办法的制定。各级药品监督管理部门负责辖区内处方药与非处方药分类管理的组织实施和监督管理。国家药品监督管理局负责非处方药目录的遴选、审批、发布和调整工作。

3. 处方药、非处方药生产企业必须具有“药品生产企业许可证”，其生产品种必须取得药品批准文号。

4. 非处方药标签和说明书除符合规定外，用语应当科学、易懂，便于消费者自行判断、选择和使用。非处方药的标签和说明书必须经国家药品监督管理局批准。非处方药的包装必须印有国家指定的非处方药专有标志，必须符合质量要求，方便储存、运输和使用。每个销售基本单元包装必须附有标签和说明书。

5. 经营处方药、非处方药的批发企业和经营处方药、甲类非处方药的零售企业必须具有“药品经营企业许可证”。经省级药品监督管理部门或其授权的药品监督管理部门批准的其他商业企业可以零售乙类非处方药。零售乙类非处方药的商业企业必须配备专职的具有高中以上文化程度，经专业培训后，由省级药品监督管理部门或其授权的药品监督管理部门考核合格并取得上岗证的人员。医疗机构根据医疗需要可以决定或推荐使用非处方药。消费者有权自主选购非处方药，并须按非处方药标签和说明书所示内容

使用。处方药只准在专业性医药报刊进行广告宣传，非处方药经审批可以在大众传播媒介进行广告宣传。

二、处方药和非处方药的流通管理有关规定

1. 处方药、非处方药的生产销售、批发销售业务必须由具有“药品生产企业许可证”和“药品经营企业许可证”的药品生产企业、药品批发企业经营。药品生产、批发企业必须按照分类管理、分类销售的原则和规定向相应的具有合法经营资格的药品零售企业和医疗机构销售处方药和非处方药，并按有关药品监督管理规定保存销售记录备查。

2. 进入药品流通领域的处方药和非处方药，其相应的警示语或忠告语应由生产企业醒目地印制在药品包装或药品使用说明书上。相应的警示语或忠告语，如处方药——凭医师处方销售、购买和使用；甲类非处方药、乙类非处方药——请仔细阅读药品使用说明书并按说明使用或在药师指导下购买和使用。药品生产、批发企业不得以任何方式直接向病患者推荐、销售处方药。

3. 销售处方药和甲类非处方药的零售药店必须具有“药品经营企业许可证”。销售处方药和甲类非处方药的零售药店必须配备驻店执业药师或药师以上药学技术人员。“药品经营企业许可证”和“执业药师证书”应悬挂在醒目、易见的地方。执业药师应佩戴标明姓名、技术职称等内容的胸卡。

4. 处方药必须凭执业医师或执业助理医师处方销售、购买和使用。执业药师或药师必须对医师处方进行审核、签字后依据处方正确调配、销售药品，不得擅自更改或代用处方。对有配伍禁忌或超剂量的处方，应当拒绝调配、销售，必要时，经处方医师更正或重新签字，方可调配、销售。零售药店对处方必须留存两年以上备查。

5. 处方药不得采用开架自选销售方式。甲类非处方药、乙类非处方药可不凭医师处方销售、购买和使用，但病患者可以要求在执业药师或药师的指导下进行购买和使用。执业药师或药师应对病患者选购非处方药提供用药指导或提出寻求医师治疗的建议。

6. 处方药、非处方药应当分柜摆放。处方药、非处方药不得采用有奖销售、附赠药品或礼品销售等销售方式，暂不允许采用网上销售方式。零售药店必须从具有“药品经营企业许可证”“药品生产企业许可证”的药品批发企业、药品生产企业采购处方药和非处方药，并按有关药品监督管理规定保存采购记录备查。

7. 处方药必须凭执业医师或执业助理医师处方才可调配、购买和使用。医师处方必须遵循科学、合理、经济的原则，医疗机构应据此建立相应的管理制度。医疗机构可以根据临床及门诊医疗的需要按法律、法规的规定使用处方药和非处方药。医疗机构药房的条件及处方药、非处方药的采购、调配等活动可参照零售药店进行管理。

8. 在药品零售网点数量不足、布局不合理的地区，普通商业企业可以销售乙类非处方药，但必须经过当地地市级以上药品监督管理部门的审查、批准、登记，符合条件的颁发乙类非处方药准销标志。具体实施办法由省级药品监督管理部门制定。根据便民利民的原则，销售乙类非处方药的普通商业企业也应合理布局。鼓励并优先批准具有“药品经营企业许可证”的零售药店与普通商业企业合作在普通商业企业销售乙类非处方药。

9. 普通商业企业不得销售处方药和甲类非处方药，不得采用有奖销售、附赠药品或礼品销售等销售方式销售乙类非处方药，暂不允许采用网上销售方式销售乙类非处方药。普通商业企业的乙类非处方药销售人员及有关管理人员必须经过当地地市级以上药品监督管理部门适当的药品管理法律、法规和专业知识培训、考核并持证上岗。

10. 普通商业企业销售乙类非处方药时，应设立专门货架或专柜，并按法律法规的规定摆放药品。普通商业企业必须从具有“药品经营企业许可证”“药品生产企业许可证”的药品批发企业、药品生产企业采购乙类非处方药，并按有关药品监督管理规定保存采购记录备查。普通商业连锁超市销售的乙类非处方药必须由连锁总部统一从合法的供应渠道和供应商采购、配送，分店不得独自采购。销售乙类非处方药的普通商业连锁超市其连锁总部必须具备与所经营药品和经营规模相适应的仓储条件，并配备 1 名以上药师或药师以上技术职称的药学技术人员负责进货质量验收和日常质量管理工作。

三、非处方药专有标志

非处方药专有标志是用于已列入《国家非处方药目录》，并通过药品监督管理部门审核登记的非处方药药品标签、使用说明书、内包装、外包装的专有标志，也可用做经营非处方药药品的企业指南性标志。

非处方药药品自药品监督管理部门核发“非处方药药品审核登记证书”之日起，可以使用非处方药专有标志。非处方药药品自药品监督管理部门核发“非处方药药品审核登记证书”之日起 12 个月后，其药品标签、使用说明书、内包装、外包装上必须印有非处方药专有标志。未印有非处方药专有标志的非处方药药品一律不准出厂。

经营非处方药药品的企业自 2000 年 1 月 1 日起可以使用非处方药专有标志。经营非处方药药品的企业在使用非处方药专有标志时，必须按照国家药品监督管理局公布的坐标比例和色标要求使用。

非处方药专有标志图案分为红色和绿色，红色专有标志用于甲类非处方药药品，绿色专有标志用于乙类非处方药药品和用作指南性标志，如图 2—1 所示。使用非处方药专有标志时，药品的使用说明书和大包装可以单色印刷，标签和其他包装必须按照国家药品监督管理局公布的色标要求印刷。单色印刷时，非处方药专有标志下方必须标示“甲类”或“乙类”字样。

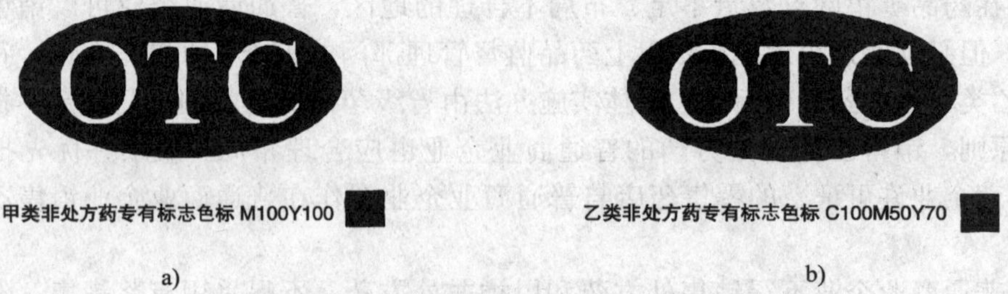

图 2—1　非处方药专有标志

（彩色标志，标准色）

a）■为红色　b）■为绿色

非处方药专有标志应与药品标签、使用说明书、内包装、外包装一体化印刷，其大小可根据实际需要设定，但必须醒目、清晰，并按照国家药品监督管理局公布的坐标比例使用。非处方药药品标签、使用说明书和每个销售基本单元包装印有中文药品通用名称（商品名称）的一面（侧），其右上角是非处方药专有标志的固定位置。

四、使用非处方药的注意事项

1. 判断疾病

通过阅读医药手册和相关报刊，获得有关药品的知识，从而具备对顾客症状进行判断的能力，以确定是否适于药疗。如病因不明或病情较重，不宜用非处方药。

2. 仔细看说明

药品说明书应印有批准文号、药品名称、主要成分、药理作用、适应证、用法用量、不良反应、禁忌证、注意事项及药品生产日期、有效期、储存条件等，根据顾客的症状和身体状况，判断是否适用，同时检查药品是否过期，若已过期，则不能销售；否则会降低或失去疗效，甚至产生毒副反应，危及生命。

3. 准确用药

正确选用有国家统一标志的非处方药。遵照药品说明书，结合顾客的性别、年龄、体重等因素，掌握用法、用量、次数及疗程，尤其是药量。用量不足，起不到应有的效果，用量过大，又会增加毒副反应，乃至中毒。

4. 避免联合用药

许多药物之间有配伍禁忌，合用时不仅会降低疗效，而且还会增加毒副作用，联合的药品越多，毒副作用的发生率越高、越严重。应根据顾客的症状和身体状况，避免联合用药。

5. 注意疗效及不良反应

任何药品都有毒副作用，非处方药应用安全是相对于处方药而言的。应告知顾客在使用药品时，既要观察有无疗效，也要防范不良反应的发生。使用非处方药一段时间后

（一般为 3～7 天），症状未见缓解或减轻的，应及时去医院诊治，以免延误病情。

第二节　常用药物的适应证和使用方法

培训目标

→ 掌握常用药物的适应证及其用法用量

→ 了解常用药物的通用名、英文名、中英文别名（包括商品名及缩写名）

一、解热镇痛抗炎药

阿司匹林　Aspirin

【别名】　醋柳酸。

【药理作用】　本品主要是通过抑制前列腺素及其他能使痛觉对机械性或化学性刺激敏感的物质（如缓激肽、组胺）的合成，属于外周性镇痛药。可能由于本品作用于炎症组织，通过抑制前列腺素或其他能引起炎性反应的物质（如组胺）的合成而起抗炎作用。还可通过作用于下视丘体温调节中枢引起外周血管扩张，皮肤血流增加，出汗，使散热增加而起到解热作用。本品除解热、镇痛作用外，主要在于抗炎作用。通过抑制血小板的环氧酶，减少前列腺素的生成而起抑制血小板聚集的作用。

【适应证】　本品为非甾体抗炎药。临床可用于下列情况：

（1）镇痛、解热：可缓解轻度或中度的疼痛，如头痛、牙痛、神经痛、肌肉痛及月经痛，也用于感冒和流感等退热。

（2）抗炎、抗风湿：为治疗风湿热的常用药物，用药后可解热、使关节症状好转并使血沉下降，但不能去除风湿热的基本病理改变，也不能治疗和预防心脏损害及其他合并症。

（3）关节炎：除风湿性关节炎外，本品也用于治疗类风湿关节炎，可改善症状，但须同时进行病因治疗。

（4）抗血栓：本品对血小板聚集有抑制作用，可防止血栓形成，临床用于预防一过性脑缺血发作、心肌梗死、心房颤动、人工心脏瓣膜、动静脉瘘或其他手术后的血栓形成。也可用于治疗不稳定型心绞痛。

（5）儿科用于皮肤黏膜淋巴结综合征（川崎病）的治疗。

【用法用量】　口服。成人常用量：

（1）解热、镇痛，一次 0.3～0.6 g，一日 3 次，必要时每 4 小时 1 次。

（2）抗风湿，一日 3～6 g，分 4 次口服。

单元 2

（3）抑制血小板聚集则应用小剂量，如每日 80～300 mg，一日 1 次。

（4）治疗胆道蛔虫病，一次 1 g，一日 2～3 次，连用 2～3 日；阵发性绞疼停止 24 小时后停用，然后进行驱虫治疗。

对乙酰氨基酚　Paracetamol

【别名】　百服宁、必理通、醋氨酚、扑热息痛、泰诺止痛片、退热净、雅司达、泰诺林（上海强生）、泰诺（上海强生）、斯耐普、一粒清。

【药理作用】　本品是非那西丁在体内的代谢产生，其抑制中枢神经系统前列腺素合成的作用与阿司匹林相似，但抑制外周前列腺素合成作用弱，故解热镇痛作用强，抗风湿作用弱，对血小板凝血机制无影响。

【适应证】　用于感冒发烧、关节痛、神经痛及偏头痛、癌性痛及术后止痛。尤其适用于阿司匹林不耐受或过敏者。

【用法用量】　每次口服 0.25～0.5 g，一日 3～4 次。一日量不宜超过 2 g，疗程不宜超过 10 日。12 岁以下儿童按每日每平方米体表面积 1.5 g 分次服用。

吲哚美辛　Indometacin

【别名】　艾狄多新、抗炎吲哚酸、消炎痛。

【药理作用】　本品为非甾体抗炎药，具有抗炎、解热及镇痛作用。

【适应证】　用于关节炎，可缓解疼痛和肿胀，软组织损伤和炎症，解热。还可用于治疗偏头痛、痛经、手术后痛、创伤后痛等。

【用法用量】　口服。

（1）成人常用量：

①抗风湿，初始剂量一次 25～50 mg，一日 2～3 次，一日最大量不应超过 150 mg。

②镇痛，首剂一次 25～50 mg，继之 25 mg，一日 3 次，直到疼痛缓解，可停药。

③退热，一次 6.25～12.5 mg，一日不超过 3 次。

（2）小儿常用量：一日按体重 1.5～2.5 mg/kg，分 3～4 次。待有效后减至最低量。

吡罗昔康　Piroxicam

【别名】　吡啶噻酰胺、吡氧噻嗪、炎痛喜康。

【药理作用】　为非甾体抗炎药，具有镇痛、抗炎及解热作用。

【适应证】　用于缓解各种关节炎及软组织病变的疼痛和肿胀的对症治疗。

【用法用量】　口服。成人常用量：一次 20 mg，一日 1 次，或一次 10 mg，一日 2 次。饭后服用。

二、镇静催眠药

1. 苯二氮䓬类

地西泮　Diazepam

【别名】　安定、苯甲二氮䓬。

【药理作用】　本品为长效苯二氮䓬类药。苯二氮䓬类为中枢神经系统抑制药，可引起中枢神经系统不同部位的抑制，随着用量的加大，临床表现可自轻度的镇静到催眠甚至昏迷。

【适应证】

(1) 主要用于焦虑、镇静催眠，还可用于抗癫痫和抗惊厥。

(2) 缓解炎症引起的反射性肌肉痉挛等。

(3) 用于治疗惊恐症。

(4) 肌紧张性头痛。

(5) 可治疗家族性、老年性和特发性震颤。

(6) 可用于麻醉前给药。

【用法用量】

(1) 成人常用量。抗焦虑，一次 2.5～10 mg，一日 2～4 次。镇静，一次 2.5～5 mg，一日 3 次。催眠，5～10 mg，睡前服。急性酒精戒断，第一日一次 10 mg，一日 3～4 次，以后按需要减少到一次 5 mg，每日 3～4 次。

(2) 小儿常用量。6 个月以下不用，6 个月以上，一次 1～2.5 mg 或按体重 40～200 μg/kg或按体表面积 1.17～6 mg/m²，每日 3～4 次，用量根据情况酌量增减。最大剂量不超过 10 mg。

氯氮䓬　Chlordiazepoxide

【别名】　甲氨二氮䓬、利勃灵、利勃龙、利眠宁、氯西泊。

【药理作用】　本品为苯二氮䓬类抗焦虑药，本品还有中枢性肌松弛作用和抗惊厥作用，小剂量时有抗焦虑作用，随着剂量增加，可显示镇静、催眠、记忆障碍，很大剂量时也可致昏迷，但很少有呼吸和心血管严重抑制。

【适应证】

(1) 治疗焦虑性神经症，缓解焦虑、紧张、担心、不安与失眠等症状。

(2) 治疗失眠症。

(3) 治疗肌张力过高或肌肉僵直的疾病。

(4) 与抗癫痫药合用控制癫痫发作。

【用法用量】　口服。抗焦虑：一次 5～10 mg，一日 2～3 次。治疗失眠：10～20 mg，睡前服用。抗癫痫：一次 10～20 mg，一日 3 次。

2. 巴比妥类

苯巴比妥　Phenobarbital

【别名】　迦地那、鲁米那、苯巴比妥钠、鲁米那钠。

【药理作用】　本品为镇静催眠药、抗惊厥药，是长效巴比妥类的典型代表。对中枢的抑制作用随着剂量加大，表现为镇静、催眠、抗惊厥及抗癫痫。大剂量对心血管系统、呼吸系统有明显的抑制。过量可麻痹延髓呼吸中枢致死。

【适应证】

（1）镇静。如焦虑不安、烦躁、甲状腺功能亢进、高血压、功能性恶心、小儿幽门痉挛等症。

（2）催眠。偶用于顽固性失眠症，但醒后往往有疲倦、嗜睡等后遗效应。

（3）抗惊厥。常用其对抗中枢兴奋药中毒或高热、破伤风、脑炎、脑出血等疾病引起的惊厥。

（4）抗癫痫。用于癫痫大发作的防治，作用出现快，也可用于癫痫持续状态。

（5）麻醉前给药。

（6）与解热镇痛药配伍应用，以增强其作用。

（7）治疗新生儿核黄疸。

【用法用量】

（1）成人常用量。催眠，30～100 mg，晚上一次顿服。镇静，一次 15～30 mg，每日 2～3 次。抗惊厥，每日 90～180 mg，可在晚上一次顿服，或每次 30～60 mg，每日 3 次；极量一次 250 mg，一日 500 mg；抗高胆红素血症，一次 30～60 mg，每日 3 次。

（2）小儿常用量：用药应个体化，镇静，每次按体重 2 mg/kg，或按体表面积 60 mg/m^2，每日 2～3 次；抗惊厥，每次按体重 3～5 mg/kg；抗高胆红素血症，每次按体重 5～8 mg/kg，分次口服，3～7 天见效。

异戊巴比妥　Amobarbital

【别名】　阿米妥、导眠钠、阿米他尔钠、阿米奴巴比妥钠。

【药理作用】　本品为巴比妥类催眠药、抗惊厥药。中等作用时间（3～6 小时），对中枢的抑制作用随着剂量加大，表现为镇静、催眠、抗惊厥及抗癫痫。大剂量对心血管系统、呼吸系统有明显的抑制。过量可麻痹延髓呼吸中枢致死。

【适应证】　主要用于催眠、镇静、抗惊厥（小儿高热惊厥、破伤风惊厥、子痫、癫痫持续状态）和麻醉前给药。

【用法用量】　深部肌内（不能用于浅表）注射或静脉注射。

（1）成人常用量。催眠，100～200 mg，晚上一次顿服。镇静，一次 30～50 mg，每日 2～3 次。极量一次 200 mg，一日 600 mg。

（2）小儿常用量。催眠，个体差异大。镇静，每次按体重 2 mg/kg，或按体重表面积 60 mg/m^2，每日 2～3 次。

硫喷妥钠　Thiopental Sodium

【别名】　播托散、戊硫巴比妥钠、硫喷妥钠。

【药理作用】　本品脂溶性高，静脉注射后迅速通过血脑屏障，对中枢系统产生抑制作用，依所用剂量大小，出现镇静、催眠及意识消失等不同的作用。本品可降低脑耗氧量及脑血流量，在脑缺氧时对脑起到保护作用。有抑制交感神经、兴奋迷走神经的作用。

【适应证】 静脉全麻药。用于全麻诱导，复合全麻及小儿基础麻醉。

【用法用量】

（1）静脉麻醉。一般多用5%或2.5%溶液，缓慢注入2～3 mL（5%）或4～6 mL（2.5%）。极量为1次1 g（即5%溶液20 mL）。

（2）基础麻醉。用于小儿、甲状腺功能亢进及精神紧张的病人。每次灌肠每千克体重30 mg（多用于小儿）。或肌内注射，成人每次0.5 g，小儿每千克体重15～20 mg，以2.5%溶液，作深部肌内注射。

（3）诱导麻醉。一般用2.5%溶液缓慢静脉注射，1次0.3 g（1次不超过0.5 g），继以乙醚吸入。

（4）抗惊厥：每次静脉注射0.05～0.1 g。

3. 其他镇静催眠药

水合氯醛 Chloral Hydrate

【别名】 含水氯醛、水化氯醛、水合三氯乙醛、氯氧水。

【药理作用】 本品为催眠药、抗惊厥药。催眠剂量30分钟内即可诱导入睡，催眠作用温和，不缩短REMS睡眠时间，无明显后遗作用。

【适应证】

（1）治疗失眠，适用于入睡困难的患者。作为催眠药，短期应用有效，连续服用超过两周则无效。

（2）麻醉前、手术前和睡眠脑电图检查前用药，可镇静和解除焦虑，使相应的处理过程比较安全和平稳。

（3）抗惊厥，用于癫痫持续状态的治疗，也可用于小儿高热、破伤风及子痫引起的惊厥。

【用法用量】

（1）成人常用量：催眠，口服或灌肠0.5～1.0 g，睡前一次，口服宜配制成10%的溶液或胶浆使用，灌肠宜将10%的溶液再稀释1～2倍灌入。镇静：一次0.25 g，一日3次，饭后服用。用于癫痫持续状态，常用10%溶液20～30 mL，稀释1～2倍后一次灌入，方可见效。最大限量一次2 g。

（2）小儿常用量：催眠，一次按体重50 mg/kg或按体表面积1.5 mg/m²，睡前服用，一次最大限量为1 g；也可按体重16.7 mg/kg或按体表面积500 mg/m²，每日3次。镇静，一次按体重8 mg/kg或按体表面积250 mg/m²，最大限量为500 mg，每日3次，饭后服用。灌肠，每次按体重25 mg/kg。极量每次为1 g。

甲丙氨酯 Meprobamate

【别名】 氨甲丙二酯、安乐神、安宁、眠尔通。

【药理作用】 弱抗焦虑药，具有中枢性肌肉松弛作用和抗焦虑、镇静催眠作用。

【适应证】

（1）治疗焦虑性神经症，缓解焦虑、紧张、不安、失眠等症状。

（2）治疗失眠症。

（3）治疗肌张力过高或肌肉僵直的疾病。

（4）癫痫小发作。

【用法用量】 口服。抗焦虑：一次 200 mg，一日 2～3 次。治疗失眠：400 mg，睡前服用。治疗癫痫：一次 200～400 mg，一日 2～3 次。

4. 丁螺环酮类

丁螺环酮 Buspirone

【别名】 布斯帕、布斯哌隆、丁螺旋酮、希司必隆。

【药理作用】 本品主要作用于脑内 5-HT1A 受体的激动，降低焦虑症过高的活动，产生焦虑作用。本品无镇静、肌松弛和抗惊厥作用。

【适应证】 适用于各种焦虑症。

【用法用量】 口服。开始一次 5 mg，一日 2～3 次。第二周可加至一次 10 mg，一日 2～3 次。常用治疗剂量一日 20～40 mg。

三、抗精神病药

1. 吩噻嗪类

氯丙嗪 Chlorpromazine

【别名】 冬眠灵、可乐静、氯普马嗪、美心、盐酸氯丙嗪。

【药理作用】 本品为吩噻嗪类抗精神病药。此外，本品小剂量时可抑制延脑催吐化学感受区的多巴胺受体，大剂量时直接抑制呕吐中枢，产生强大的镇吐作用。抑制体温调节中枢，使体温降低，体温可随外环境变化而改变，其阻断外周 α 肾上腺素受体作用，使血管扩张，引起血压下降，对内分泌系统也有一定影响。

【适应证】

（1）对兴奋躁动、幻觉妄想、思维障碍及行为紊乱等阳性症状有较好的疗效。用于精神分裂症、躁狂症或其他精神病性障碍。

（2）止呕，各种原因所致的呕吐或顽固性呃逆。

【用法用量】 口服。用于精神分裂症或躁狂症，从小剂量开始，一次 25～50 mg，一日 2～3 次，每隔 2～3 日缓慢逐渐递增至一次 25～50 mg，治疗剂量一日 400～600 mg。用于其他精神病，剂量应偏小。体弱者剂量应偏小，应缓慢加量。用于止呕，一次 12.5～25 mg，一日 2～3 次。

氟奋乃静 Fluphenazine

【别名】 氟非拉嗪、氟吩嗪、羟哌氟丙嗪。

【药理作用】 本品属哌嗪类吩噻嗪，抗精神病作用主要与其阻断脑内的多巴胺受体（DA_2）有关，抑制网状结构上行激活系统而有镇静作用，止吐和降低血压作用较弱。

【适应证】 用于各型精神分裂症，有振奋和激活作用，适用于单纯型、紧张型及慢性精神分裂症的情感淡漠及行为退缩等症状。

【用法用量】 口服。从小剂量开始，每次 2 mg，一日 2～3 次。逐渐增至一日 10～20 mg，高量为一日不超过 30 mg。

2. 硫杂蒽类

氯普噻吨 Chlorprothixene

【别名】 氯丙硫蒽、氯丙硫新、氯丙噻酮、泰尔登（默克）。

【药理作用】 本品为硫杂蒽类抗精神病药，可起镇静作用，还可抑制延脑化学感受区而发挥止吐作用。本品抗肾上腺素作用及抗胆碱作用较弱，并有抗抑郁及抗焦虑作用。

【适应证】 用于急性和慢性精神分裂症，适用于伴有精神运动性激越、焦虑、抑郁症状的精神障碍。

【用法用量】 口服。从小剂量开始，首次剂量 25～50 mg，一日 2～3 次，以后逐渐增加至一日 400～600 mg。维持量为一日 100～200 mg。6 岁以上儿童开始剂量为一次 25 mg，一日 3 次，渐增至一日 150～300 mg，维持量为一日 50～150 mg。

3. 丁酰苯类

氟哌啶醇 Haloperidol

【别名】 氟哌醇、氟哌丁苯、卤吡醇。

【药理作用】 本品属丁酰苯类抗精神病药，有很好的抗幻觉妄想和抗兴奋躁动作用，阻断锥体外系多巴胺的作用较强，镇吐作用亦较强，但镇静、阻断 α 肾上腺素受体及胆碱受体作用较弱。

【适应证】 用于急、慢性各型精神分裂症、躁狂症、抽动秽语综合征。控制兴奋躁动、敌对情绪和攻击行为的效果较好。因本品心血管系统不良反应较少，也可用于脑器质性精神障碍和老年性精神障碍。

【用法用量】 治疗精神分裂症，口服。从小剂量开始，起始剂量一次 2～4 mg，一日 2～3 次。逐渐增加至常用量一日 10～40 mg，维持剂量一日 4～20 mg。治疗抽动秽语综合征，一次 1～2 mg，一日 2～3 次。

4. 其他类

舒必利 Sulpiride

【别名】 磺水杨胺氢吡咯、硫苯酰胺、消呕灵、止呕宁、止吐灵。

【药理作用】 本品属苯甲酰胺类抗精神病药，抗胆碱作用较轻，无明显镇静和抗兴奋躁动作用，本品还具有强止吐和抑制胃液分泌作用。

【适应证】 用于精神分裂症单纯型、偏执型、紧张型及慢性精神分裂症的孤僻、退缩、淡漠症状，对抑郁症状有一定疗效，其他用途有止呕。

【用法用量】 口服。治疗精神分裂症，开始剂量为一次 100 mg，一日 2～3 次，逐渐增至治疗量一日 600～1 200 mg，维持剂量为一日 200～600 mg。止呕，一次100～200 mg，一日 2～3 次。6 岁以上儿童按成人剂量换算，应从小剂量开始，缓慢增加剂量。

氯氮平 Clozapine

【别名】 氯扎平。

【药理作用】 本品具有强大镇静催眠作用，此外还有抗胆碱（M_1）及抗组胺（H_1）受体作用，极少见锥体外系反应。

【适应证】 本品不仅对精神病阳性症状有效，对阴性症状也有一定效果。适用于急性与慢性精神分裂症的各个亚型，对幻觉妄想型、青春型效果好。也可以减轻与精神分裂症有关的情感症状（如抑郁、负罪感、焦虑）。对一些用传统抗精神病药治疗无效或疗效不好的病人，改用本品可能有效。本品也用于治疗躁狂症或其他精神病性障碍的兴奋躁动和幻觉妄想。因会导致粒细胞减少症，一般不宜作为首选药。

【用法用量】 口服。从小剂量开始，首次剂量为一次 25 mg，一日 2～3 次，逐渐缓慢增加至常用治疗量一日 200～400 mg，高量可达一日 600 mg。维持量为一日 100～200 mg。

四、消化系统药物

1. 抗酸药

氢氧化铝 Algeldrate

【别名】 氢氧化铝凝胶。

【药理作用】 本品为三氧化二铝的混合物，不吸收性抗酸药，有抗酸、吸着、局部止血和保护溃疡面等作用。

【适应证】 用于胃酸过多、胃及十二指肠溃疡、胃出血、反流性食管炎及上消化道出血等。大量口服可用于尿毒症病人以减少肠道磷酸盐的吸收，减轻酸血症。

【用法用量】 口服。成人常用量：一次 0.6～0.9 g，一日 3 次，餐前 1 小时服用。用于中和胃酸时，必须在餐后 1～2 小时服用。

2. 胃酸分泌抑制药

西咪替丁 Cimetidine

【别名】 甲氰咪胺、甲氰脒胺、甲氰咪胍、甲氰脒胍。

【药理作用】 为组胺 H_2受体阻断药，能明显地抑制食物、组胺、五肽胃泌素、咖啡因与胰岛素等刺激引起的胃酸分泌。本品对因化学刺激引起的腐蚀性胃炎有预防和保护作用，对应激性胃溃疡和上消化道出血也有明显疗效。

【适应证】 临床主要用于以下几个方面：

(1) 各种酸相关性疾病：如十二指肠溃疡、胃溃疡、卓一艾综合征、上消化道出血、反流性食管炎、高酸性胃炎等。

(2) 据报道，可用于治疗带状疱疹和包括生殖器在内的其他疱疹性感染。

【用法用量】 口服。

(1) 成人：每次 200～400 mg，一日 800～1 600 mg，一般于饭后及睡前各服 1 次，疗程一般为 4～6 周。另有主张一日量分 2 次（每次 400 mg）或顿服疗法（晚间一次性口服 800 mg）。

(2) 儿童：一次按体重 5～10 mg/kg，一日 2～4 次服用，饭后服，重症者睡前加服 1 次。亦可参照成人方法，将一日量分作 2 次或 1 次顿服，疗程同上。

雷尼替丁 Ranitidine

【别名】 呋喃硝胺、甲硝呋胍、胃安太、胃安太宁。

【药理作用】 雷尼替丁为组胺 H_2受体阻断药，能抑制基础胃酸分泌及刺激后的胃酸分泌，还可抑制胃蛋白酶的分泌。其抑酸强度比西咪替丁强 5～8 倍。

【适应证】 用于治疗十二指肠溃疡、胃溃疡、反流性食管炎、卓一艾综合征及其他高胃酸分泌疾病。

【用法用量】

(1) 口服，一次 150 mg（一次 1 粒），一日 2 次，或一次 300 mg（一次 2 粒），睡前 1 次。

(2) 维持治疗：口服，一次 150 mg（一次 1 粒），每晚 1 次。

(3) 严重肾病患者，雷尼替丁的半衰期延长，剂量应减少，一次 75 mg（一次半粒），一日 2 次。

(4) 治疗卓一艾综合征，宜用大量，一日 600～1 200 mg（一日 4 粒～8 粒）。

法莫替丁 Famotidine

【别名】 保胃健、胃舒达。

【药理作用】 本品为组胺 H_2受体阻断药。对胃酸分泌具有明显的抑制作用，也可抑制胃蛋白酶的分泌，对溃疡有一定保护作用。服药后约 1 小时起效，作用可维持 12 小时以上。

【适应证】 适用于消化性溃疡（胃、十二指肠溃疡），急性胃黏膜病变，反流性食管炎以及胃泌素瘤。

【用法用量】 口服，一次 20 mg（一次 1 片），一日 2 次，早、晚餐后或睡前服。4～6周为一疗程。溃疡愈合后的维持量减半。

奥美拉唑 Omeprazole

【别名】 沃必唑、渥米哌唑、洛赛克（阿斯利康）。

【药理作用】 本品为质子泵抑制剂，阻断胃酸分泌，因此对各种原因引起的胃酸分泌具有强而持久的抑制作用。

【适应证】 适用于胃溃疡、十二指肠溃疡、应激性溃疡、反流性食管炎和卓－艾综合征（胃泌素瘤）。

【用法用量】 口服，不可咀嚼。

(1) 消化性溃疡：一次 20 mg（一次 1 片），一日 1～2 次。每日晨起吞服或早晚各一次，胃溃疡疗程通常为 4～8 周，十二指肠溃疡疗程通常为 2～4 周。

(2) 反流性食管炎：一次 20～60 mg（一次 1～3 片），一日 1～2 次。晨起吞服或早晚各一次，疗程通常为 4～8 周。

(3) 卓－艾综合征：一次 60 mg（一次 3 粒），一日 1 次，以后每日总剂量可根据病情调整为 20～120 mg（1～6 粒），若一日总剂量需超过 80 mg（4 粒）时，应分为两次服用。

3. 黏膜保护药

硫糖铝 Sucralfate

【别名】 胃溃宁。

【药理作用】 本品是胃黏膜保护剂，促进溃疡的愈合；还具有吸附胃蛋白酶、中和胃酸、胆汁酸的作用，并能促进内源性前列腺素 E 的合成以及吸附表皮生长因子，使之在溃疡或炎症处浓集，有利于黏膜再生。

【适应证】 临床主要用于胃炎、胃酸过多。

【用法用量】 口服。一次 1 g，一日 3～4 次，饭前 1 小时及睡前服用。

枸橼酸铋钾 Bismuth Potassium Citrate

【别名】 铋诺、德波液、迪乐、胃病灵、胃疡灵。

【药理作用】 枸橼酸铋钾在胃的酸性环境中形成弥散性的保护层覆盖于溃疡面上，阻止胃酸、酶及食物对溃疡的侵袭。本品还具有降低胃蛋白酶活性，增加黏蛋白分泌，促进黏膜释放前列腺素，从而保护胃黏膜，另外，本品对幽门螺杆菌（Hp）具有杀灭作用，因而可促进胃炎的愈合。

【适应证】 主要用于慢性胃炎及缓解胃酸过多引起的胃痛，胃烧灼感和反酸。

【用法用量】 口服。成人一次 0.3 g（1 片），一日 3～4 次，餐前半小时服用。

五、呼吸系统药物

1. 平喘药

肾上腺素 Epinephrine

【别名】 副肾碱、副肾硷、酒石酸肾上腺素。

【药理作用】 对 α 肾上腺素受体和 β 肾上腺素受体均有强大的激动作用。

【适应证】 主要适用于因支气管痉挛所致的严重呼吸困难，可迅速缓解药物等引起的过敏性休克，亦可用于延长浸润麻醉用药的作用时间。各种原因引起的心脏骤停进行心肺复苏的主要抢救用药。治疗支气管哮喘效果迅速但不持久。

【用法用量】 皮下注射0.25～0.5 mg，3～5分钟见效，但仅能维持1小时。必要时每4小时可重复注射一次。

氨茶碱 Aminophylline

【别名】 胺非林、茶碱乙二胺盐、茶碱乙烯双胺、乙二氨茶碱、乙二胺茶碱。

【药理作用】 本品为茶碱与二乙胺复盐，其药理作用主要来自茶碱，乙二胺使其水溶性增强。松弛支气管平滑肌，增加心排出量，增加离体骨骼肌的收缩力。

【适应证】 适用于支气管哮喘、喘息型支气管炎、阻塞性肺气肿等缓解喘息症状；也可用于心力衰竭的哮喘（心脏性哮喘）。

【用法用量】

（1）成人常用量口服，一次0.1～0.2 g，一日0.3～0.6 g；极量：一次0.5 g，一日1 g。肌内注射，一次0.25～0.5 g，应加用2%盐酸普鲁卡因。静脉注射，一次0.25～0.5 g，一日0.5～1 g，每25～100 mg用5%葡萄糖注射液稀释至20～40 mL，注射时间不得短于10分钟。静脉滴注，一次0.25～0.5 g，一日0.5～1 g，以5%～10%葡萄糖液稀释后缓慢滴注。注射给药，极量一次0.5 g，一日1 g。直肠给药，一般在睡前或便后，一次0.25～0.5 g，一日1～2次。

（2）小儿常用量口服，一日按体重4～6 mg/kg，分2～3次服。静脉注射，一次按体重2～4 mg/kg，以5%～25%葡萄糖注射液稀释，缓慢注射。

倍氯米松 Beclometasone

【别名】 倍氯美松双丙酸酯、倍氯松、氯倍他美松二丙酸酯、氯地米松、必酮碟、必可酮、安得新。

【药理作用】 倍氯米松为人工合成的强效外用肾上腺皮质激素类药物，具有抗炎、抗过敏、止痒及减少渗出作用；可以减轻和防止组织对炎症的反应；还具有免疫抑制作用。

【适应证】 对多数常年发作哮喘而口服糖皮质激素者，气雾吸入本品可减少糖皮质激素的口服剂量，并可控制病情。外用可治疗各种炎症皮肤病，如湿疹、过敏性皮炎、神经性皮炎、接触性皮炎、牛皮癣、瘙痒等。

【用法用量】

（1）乳膏或软膏。每日涂患处2～3次，必要时包扎之。

（2）气雾剂。成人一般每次喷药0.05～0.1 mg（每按1次约喷出主药0.05～0.07 mg），1日3～4次。严重病例用全身性皮质激素控制症状后再用本品治疗，每日最大量不超过1 mg。儿童用量按年龄酌减，每日最大量不超过0.8 mg。待症状缓解后逐渐减量。

色甘酸钠　Sodium Cromoglicate

【别名】　咽泰、咳乐钠。

【药理作用】　本品为过敏反应物质阻释剂。稳定肥大细胞的细胞膜，阻止其释放组胺。5-羟色胺、慢反应物质等过敏介质，避免支气管痉挛的发生。

【适应证】　本品作为平喘药，对外源性哮喘特别是季节性哮喘有效，对已发作的哮喘无效，也不适用于减轻急性哮喘的症状。还用于胃肠道变态反应，溃疡性结肠炎，过敏性结膜炎，过敏性皮炎，季节性枯草热，感冒等过敏性疾病的治疗。

【用法用量】　外用：干粉吸入，用于过敏性鼻炎。每侧鼻孔一次 10 mg，一日 4 次。喷雾吸入，2%～4%溶液，一次 3.5～7 mg，一日 3～4 次。滴鼻喷雾，2%～4%溶液，一次 3.5～7 mg，一日 3～4 次。滴眼，2%～4%溶液，一次数滴，一日数次，滴入眼部。

2. 镇咳药

喷托维林　Pentoxyverine

【别名】　咳必清、托可拉斯、维静宁。

【药理作用】　本品具有中枢及外周性镇咳作用，其镇咳作用强度约为可待因的 1/3。除对延髓的呼吸中枢有直接的抑制作用外，还有轻度的阿托品样作用。可使痉挛的支气管平滑肌松弛，降低气道阻力。

【适应证】　适用于具有无痰干咳症状的疾病，急性支气管炎，慢性支气管炎等。

【用法用量】　成人：每次 1 片，一日 3～4 次。儿童：5 岁以上儿童每次半片，一日 2～3 次。

右美沙芬　Dextromethorphan

【别名】　氢溴酸右甲吗喃、氢溴酸右甲氧吗啡烷。

【药理作用】　中枢性镇咳药。抑制延髓咳嗽中枢而产生作用。其镇咳作用与可待因相等或稍强，但没有镇痛作用及成瘾性，治疗剂量不会抑制呼吸。

【适应证】　主要用于干咳。适用于感冒、急性或慢性支气管炎、支气管哮喘、咽喉炎、肺结核，以及其他上呼吸道感染时的咳嗽。

【用法用量】　口服。一次 15～30 mg，一日 3～4 次。

3. 祛痰药

乙酰半胱氨酸　Acetylcysteine

【别名】　痰易净、易咳净、富露施、美可舒。

【药理作用】　本品为黏液溶解剂，降低痰液黏度，促进痰液排出。

【适应证】　主要用于浓稠痰黏液过多的呼吸系统疾病，急性支气管炎、慢性支气管炎急性发作、支气管扩张症。

【用法用量】　口服。成人，每次 0.2 g，每日 2～3 次。

溴己新 Bromhexine

【别名】 必嗽平、必消痰、溴己胺。

【药理作用】 本品直接作用于支气管腺体，能使黏液分泌细胞的溶酶体释出，从而使黏液中的黏多糖解聚，降低黏液的黏稠度；还能引起呼吸道分泌黏性低的小分子黏蛋白，使痰液变稀，易于咳出。

【适应证】 本品主要用于急、慢性支气管炎，支气管扩张等有多量黏痰而不易咳出的患者。

【用法用量】 口服。成人，每次1～2片，一日3次。

六、心血管系统药物

1. 抗心绞痛药

(1) 硝酸酯类

硝酸甘油 Nitroglycerin

【别名】 疗通脉、三硝酸甘油 、三硝酸甘油酯、耐绞宁、永保心灵、尼采贴、贴保宁、夕护哇、乃才郎。

【药理作用】 硝酸甘油的基本作用是松弛平滑肌，尤其是松弛血管平滑肌，是防止心绞痛发作的药理学基础。主要改变血流动力学，降低心肌耗氧量，改善心肌血流重分布，有利于缺血区的灌注。

【适应证】 主要用于心绞痛急性发作、急性左心室衰竭，也可用于解除胆绞痛、幽门痉挛、肾绞痛等，但作用暂短。

【用法用量】

1）舌下含服：每次1片（0.3 mg或0.6 mg），一日3～4次，极量一日2 mg。

2）2%软膏睡前涂前臂皮肤，可防夜间心绞痛发作。

3）针剂：1～10 mg溶于5%或10%GS 100～250 mL中静脉滴注，开始10 μg/min，每5分钟增加5～10 μg，至症状缓解。

4）缓释剂：口服每次2.5～5 mg，每12小时1次，重症每次5 mg，一日3次。

5）喷雾剂：发作时喷1～2次，每次0.4 mg，喷于口腔黏膜或舌上。

(2) β受体阻断药

普萘洛尔 Propranolol

【别名】 恩得来、恩特来、萘心安、心得安。

【药理作用】 本品为非选择性竞争抑制肾上腺素β受体阻断药。阻断心脏上的β_1、β_2受体，拮抗交感神经兴奋和儿茶酚胺作用，降低心脏的收缩力与收缩速度，同时抑制血管平滑肌收缩，降低心肌耗氧量，使缺血心肌的氧供需关系在低水平上恢复平衡，用于治疗心绞痛。

单元 2

【适应证】

1）高血压（单独或与其他抗高血压药合用）。

2）劳力型心绞痛。

3）控制室上性快速心律失常、室性心律失常，特别是与儿茶酚胺有关或洋地黄引起心律失常。可用于洋地黄疗效不佳的房扑、房颤心室率的控制，也可用于顽固性期前收缩，改善患者的症状。

4）降低肥厚型心肌病流出道压差，减轻心绞痛、心悸与昏厥等症状。

5）配合 α 受体阻断剂用于嗜铬细胞瘤病人控制心动过速。

6）用于控制甲状腺机能亢进症的心率过快，也可用于治疗甲状腺危象。

7）作为二级预防，降低心肌梗死病死率。

【用法用量】 静脉注射：开始 0.5 ～ 3 mg，速度不超过每分钟 0.5 ～ 1 mg，隔 10 ～ 15 分钟重复此剂量直至有效，但总量不超过 10 mg（麻醉病人不超过 5 mg）。静脉注射时应在心电监护下进行。

（3）钙拮抗药

硝苯地平　Nifedipine

【别名】 利心平、尼非地平、硝苯吡啶、硝苯啶。

【药理作用】 本品为二氢吡啶类钙拮抗剂，能同时舒张正常供血区和缺血区的冠状动脉，拮抗自发的或麦角新碱诱发的冠状动脉痉挛，增加冠状动脉痉挛病人心肌氧的递送，解除和预防冠状动脉痉挛。本品可抑制心肌收缩，降低心肌代谢，减少心肌耗氧量。本品能舒张外周阻力血管，降低外周阻力，可使收缩血压和舒张血压降低，减轻心脏后负荷。

【适应证】

1）心绞痛：变异型心绞痛，不稳定型心绞痛，慢性稳定型心绞痛。

2）高血压（单独或与其他降压药合用）。

【用法用量】

1）硝苯地平的剂量应视患者的耐受性和对心绞痛的控制情况逐渐调整。过量服用硝苯地平可导致低血压。

2）从小剂量开始服用，一般起始剂量每次 10 mg，一日 3 次口服；常用的维持剂量为口服每次 10～20 mg，一日 3 次。部分有明显冠脉痉挛的患者，可用至每次 20～30 mg，一日 3～4 次。最大剂量不宜超过每日 120 mg。如果病情紧急，可嚼碎服或舌下含服每次 10mg，根据患者对药物的反应，决定再次给药。

3）通常调整剂量需 7～14 天。如果患者症状明显，病情紧急，剂量调整期可缩短。根据患者对药物的反应、发作的频率和舌下含化硝酸甘油的剂量，可在 3 天内将硝苯地平的用量从每次 10～20 mg 调至每次 30 mg，一日 3 次。

4）在严格监测下的住院患者，可根据心绞痛或缺血性心律失常的控制情况，每隔4～6小时增加1次，每次10 mg。

维拉帕米　Verapamil

【别名】　凡拉帕米、戊脉安、异搏定（葛兰素）。

【药理作用】　本品为罂粟碱的衍生物，属Ⅳ类抗心律失常药，为一种钙离子内流的抑制剂（慢通道阻滞剂），使窦房结和房室结的自律性降低，传导减慢，但很少影响心房、心室肌和房室间旁路的传导。还使心肌缩减弱，心脏做功减少，心肌氧耗减少。

【适应证】

1）心绞痛：变异型心绞痛，不稳定性心绞痛，慢性稳定性心绞痛。

2）心律失常：与地高辛合用控制慢性心房颤动和/或心房扑动时的心室率，预防阵发性室上性心动过速的反复发作。

3）原发性高血压。

【用法用量】　口服。通过调整剂量达到个体化治疗。安全有效的剂量为每日不超过12片。

1）心绞痛：一般剂量为口服维拉帕米2～3片/次，一日3次。肝功能不全者及老年人的安全剂量为每次1片，一日3次。大约在药后8小时根据疗效和安全评估决定是否增量。

2）心律失常：慢性心房颤动服用洋地黄治疗的病人，每日总量为6～8片，分三次或四次服用。预防阵发性室上性心动过速（未服用洋地黄的病人）成人的每日总量为6～12片，分三次或四次服用。年龄1～5岁：每日量4～8 mg/kg，分三次服用；或每隔8小时服1～2片。年龄大于5岁：每隔6～8小时服2片。

3）原发性高血压：一般起始剂量为2片，一日3次，使用剂量可达每日9～12片。对低剂量即有反应的老年人或体型瘦小者，应考虑起始剂量为1片，一日3次。

地尔硫䓬　Diltiazem

【别名】　哈氮䓬（阿斯利康）、硫氮䓬铜。

【药理作用】　本品为钙离子通道阻断剂，其作用是在心肌与血管平滑肌除极时抑制钙离子内流。可以有效地扩张心外膜和心内膜下的冠状动脉，缓解自发性心绞痛或由麦角新诱发冠状动脉痉挛所致心绞痛；通过减慢心率和降低血压，减少心肌需氧量，增加运动耐量并缓解劳力型心绞痛。使血管平滑肌松弛，周围血管阻力下降，血压降低。其降压的幅度与高血压的程度有关，血压正常者仅使血压轻度下降。本品有负性肌力作用，并可减慢窦房结和房室结的传导。

【适应证】

①冠状动脉痉挛引起的心绞痛和劳力型心绞痛。

②高血压。

③肥源性心肌病。

【用法用量】 口服，起始剂量每次 30 mg，每日 4 次，餐前及睡前服药，每 1～2 天增加一次剂量，直至获得最佳疗效。平均剂量范围为一日 90～360 mg。

2. 抗高血压药

（1）抗去甲肾上腺素能神经末梢药

利血平 Reserpine

【别名】 阿达芬、安达血平、降压静、脉舒降、血安平。

【药理作用】 本品是抗去甲肾上腺素能神经抗高血压药。通过耗竭周围交感神经末梢的去甲肾上腺素，心、脑及其他组织中的儿茶酚胺和 5-羟色胺储存耗竭达到抗高血压、减慢心率和抑制中枢神经系统的作用。降压作用主要通过减少心输出量和降低外周阻力、部分抑制心血管反射实现。减慢心率的作用对正常心率者不明显，但对于窦性心动过速者则明显。

【适应证】 高血压（不推荐为一线用药）。

【用法用量】 口服。初始剂量每次 0.1～0.25 mg，每日 1 次，经过 7～14 天的剂量调整期，以最小有效剂量确定维持量；极量不超过一次每次 0.5 mg。利血平常与噻嗪类利尿药合用以降低剂量，减少不良反应。儿童每日按体重 0.005～0.02 mg/kg 或体表面积 0.15～0.6 mg/m^2 给药，分 1～2 次口服。

（2）肾上腺素受体阻断药

普萘洛尔 Propranolol

【别名】 恩得来、恩特来、萘心安、心得安。

【药理作用】 普萘洛尔为非选择性竞争抑制肾上腺素 β 受体阻滞剂。阻断心脏上的 β_1、β_2 受体，通过中枢、肾上腺素能神经元阻滞，抑制肾素释放以及心排出量降低等作用，用于治疗高血压。

【适应证】

1）作为二级预防，降低心肌梗死病死率。

2）高血压（单独或与其他抗高血压药合用）。

3）劳力型心绞痛。

4）控制室上性快速心律失常、室性心律失常，特别是与儿茶酚胺有关或洋地黄引起心律失常。可用于洋地黄疗效不佳的房扑、房颤心室率的控制，也可用于顽固性期前收缩，改善患者的症状。

5）降低肥厚型心肌病流出道压差，减轻心绞痛、心悸与昏厥等症状。

6）配合 α 受体阻滞剂用于嗜铬细胞瘤病人控制心动过速。

7）用于控制甲状腺机能亢进症的心率过快，也可用于治疗甲状腺危象。

【用法用量】

1）高血压：口服，初始剂量 10 mg，每日 3～4 次，可单独使用或与利尿剂合用。剂量应逐渐增加，日最大剂量 200 mg。

2）心绞痛：开始时 5～10 mg，每日 3～4 次；每 3 日可增加 10～20 mg，可渐增至每日 200 mg，分次服。

3）心律失常：每日 10～30 mg，日服 3～4 次。饭前、睡前服用。

4）心肌梗死：每日 30～240 mg，每日服 2～3 次。

5）肥厚型心肌病：10～20 mg，每日 3～4 次。按需要及耐受程度调整剂量。

6）嗜铬细胞瘤：10～20 mg，每日 3～4 次。术前用 3 天，一般应先用β受体阻断剂，待药效稳定后加用普萘洛尔。

哌唑嗪　Prazosin

【别名】　降压新、脉哌斯、扑压唑。

【药理作用】　选择性突触后 α_1 受体阻断剂，是喹唑啉衍生物，本品可松弛血管平滑肌，扩张周围血管，降低周围血管阻力，降低血压。扩张动脉和静脉，降低心脏前负荷与后负荷，使左心室舒张末压下降，改善心功能，治疗心力衰竭。

【适应证】　高血压。

【用法用量】　口服。一次 0.5～1 mg，每日 2～3 次（首剂为 0.5 mg，睡前服）。逐渐按疗效调整为一日 6～15 mg，分 2～3 次服，每日剂量超过 20 mg 后，疗效不进一步增加。

拉贝洛尔　Labetalol

【别名】　柳胺苄心定、柳安羟胺、降压乐、拉平他乐、格尔、湍泰低。

【药理作用】　兼具α受体和β受体阻断作用，有较弱的内在活性及膜稳定作用。在等效剂量下，其心率减慢作用比普萘洛尔轻，降压作用出现较快。本品阻断α受体所致的血管舒张作用也参与降压和抗心绞痛机制。与单纯的β受体阻断药相比，该药在立位和运动试验时的降压作用较强。此外可使肾血流量增加，而普萘洛尔使之减少。

【适应证】　各种类型的高血压急症，如高血压危象、嗜铬细胞瘤危象、先兆子痫、高血压脑病、大面积烧伤引起高血压，伴有冠状动脉疾病或急性心肌梗死、高血压和手术后高血压，亦可用于麻醉中控制血压。

【用法用量】　口服。开始 1 次 100 mg，每日 2～3 次，如疗效不佳，可增至 1 次 200 mg，每日 3～4 次。通常对轻、中、重度高血压的每日剂量相应为 300～800 mg、600～1 200 mg、1 200～2 400 mg，加用利尿剂时可适当减量。

静脉注射：每次 25～100 mg，用 10％葡萄糖稀释至 20～40 mL，于 10 分钟内缓慢静脉注射，如无效可于 15 分钟后重复注射 1 次，或以每分钟 1～2 mg 的速度静脉滴注。

（3）血管舒张药

硝普钠　Sodium Nitroprusside

【别名】　亚硝基铁氰化钠。

【药理作用】 本品为一种速效和短时作用的血管扩张药，对动脉和静脉平滑肌均有直接作用，但不影响子宫、十二指肠和心肌和收缩。血管扩张使周围血和阻力降低，因而有降血压的作用。血管扩张使心脏前、后负荷均降低，心排血量改善，故对治疗心力衰竭有益。后负荷降低可减少瓣膜关闭不全时主动脉和左心室的阻抗而减轻反流。本品属于非选择性血管扩张药，很少影响局部血流分布。一般不降低冠脉血流、肾血流及肾小球滤过率。

【适应证】

1）高血压危象。

2）急性心力衰竭及急性肺水肿。

3）急性心肌梗死。

4）休克（心源性、感染中毒性）。

5）高血压、脑病、脑出血。

6）全身麻醉或肾血管造影时控制性降血压。

7）急性血管球性肾炎。

【用法用量】 慢速静脉滴注。将本品 50 mg 溶解于 5 mL 葡萄糖溶液中，再稀释于 250 mL、500 mL 或 1 000 mL 葡萄糖溶液中，缓慢静脉滴注。但不能与其他药液混合使用。药量可从 15～40 mg/min 开始加大到 200～300 mg/min。50 mg 临用前以 5%葡萄糖溶液2～3 mL溶解后再以同一溶液 500 mL 稀释缓慢静脉滴注，速度不超过每分钟 3 μL/kg，用药时间不宜超过 72 小时，配制时间超过 4 小时的溶液不宜使用。

二氮嗪 Diazoxide

【别名】 低压唑、氯甲苯噻嗪、速降平、降压嗪。

【药理作用】 本品能松弛血管不平滑肌，降低周围血管阻力，使血压急剧下降。在降压的同时，并不降低心输出量，故脑、肾、冠脉的血流量不变。

【适应证】 适用于高血压危象的急救。还能抑制胰脏β细胞分泌胰岛素，可用作血糖药，用于幼儿特发性低血糖症、由于胰岛细胞瘤引起的严重低血糖。

【用法用量】 临用时将本品溶于专用溶剂内，患者取卧位快速静脉注射。症状缓解后再改以口服降压药维持。快速静脉注射，1 次 200～400 mg，在 15～20 秒内注完。抢救高血压危象时，可在 0.5～3 小时内再注射 1 次，1 日总量不超过 1 200 mg。儿童剂量：3 mg/kg。高血压危象的治疗 200～300 mg，于 15～30 s 内静脉注射，必要时 2 小时后再注射。可与呋塞米联合治疗，以防水钠潴留。

（4）血管紧张素转换酶抑制药

卡托普利 Captopril

【别名】 甲硫丙脯酸、刻甫定、巯甲丙脯酸、开博通（百时美施贵宝）。

【药理作用】 本品为竞争性血管紧张素转换酶抑制剂，使血管紧张素Ⅰ不能转化为血管紧张素Ⅱ，从而降低外周血管阻力，并通过抑制醛固酮分泌，减少水钠潴留。本品还可通过干扰缓激肽的降解扩张外周血管。对心力衰竭患者，本品也可降低肺毛细血管压及肺血管阻力，增加心输出量及运动耐受时间。

【适应证】

1）高血压。

2）心力衰竭。

【用法用量】　视病情或个体差异而定。本品宜在医师指导或监护下服用，给药剂量须遵循个体化原则，按疗效而予以调整。

1）成人常用量。

①高血压，口服一次 12.5 mg，每日 2～3 次，按需要 1～2 周内增至 50 mg，每日 2～3次，疗效仍不满意时可加用其他降压药。

②心力衰竭，开始一次口服 12.5 mg 每日 2～3 次，必要时逐渐增至 50 mg，每日 2～3次，若需进一步加量，宜观察疗效 2 周后再考虑；对近期大量服用利尿剂，处于低钠/低血容量，而血压正常或偏低的患者，初始剂量宜用 6.25 mg 每日 3 次，以后通过测试逐步增加至常用量。

2）小儿常用量。降压与治疗心力衰竭，均开始按体重 0.3 mg/kg，每日 3 次，必要时，每隔 8～24 小时增加 0.3 mg/kg，求得最低有效量。

（5）利尿药

氢氯噻嗪　Hydrochlorothiazide

【别名】　双氢克尿塞、双氢氯噻嗪。

【药理作用】　本品对水、电解质排泄产生影响，具有利尿、降压作用。

【适应证】

1）水肿性疾病。排泄体内过多的钠和水，减少细胞外液容量，消除水肿。常见的包括充血性心力衰竭、肝硬化腹水、肾病综合征、急慢性肾炎水肿、慢性肾功能衰竭早期、肾上腺皮质激素和雌激素治疗所致的水钠潴留。

2）高血压。可单独或与其他降压药联合应用，主要用于治疗原发性高血压。

3）中枢性或肾性尿崩症。

4）肾石症。主要用于预防含钙盐成分形成的结石。

【用法用量】　口服。

1）成人常用量。

①治疗水肿性疾病，每次 25～50 mg，每日 1～2 次，或隔日治疗，或每周连服 3～5 日。

②治疗高血压，每日 25～100 mg，分 1～2 次服用，并按降压效果调整剂量。

2）小儿常用量。每日按体重 1～2 mg/kg 或按体表面积 30～60 mg/m^2，分 1～2 次服用，并按疗效调整剂量。小于 6 个月的婴儿剂量可达每日 3 mg/kg。

3. 降血脂药

（1）影响胆固醇合成的药物

单元
2

洛伐他汀　Lovastatin

【别名】　乐瓦停、脉温（默沙东）、脉温宁、美维诺林。

【药理作用】　本品在体内竞争性地抑制胆固醇合成过程中的限速酶羟甲戊二酰辅酶A还原酶，使胆固醇的合成减少，也使低密度脂蛋白受体合成增加，主要作用部位在肝脏，结果使血胆固醇和低密度脂蛋白胆固醇水平降低，由此对动脉粥样硬化和冠心病的防治产生作用。本品还降低血清甘油三酯水平和增高血高密度脂蛋白水平。

【适应证】　用于治疗高胆固醇血症和混合型高脂血症。

【用法用量】　口服。成人常用量：10～20 mg，每日一次，晚餐时服用。剂量可按需要调整，但最大剂量不超过每天 80 mg。

（2）影响胆固醇吸收的药物

考来烯胺　Colestyramine

【别名】　胆苯烯胺、降胆敏、降脂树脂1号、消胆胺脂。

【药理作用】　本品口服后在肠道与胆汁酸螯合后随粪便排出，可使胆汁酸排出量比正常高3～4倍，对高胆固醇血症可作为首选药物。

【适应证】　用于Ⅱ型高脂血症、动脉粥样硬化以及肝硬变、胆石症引起的瘙痒。

【用法用量】

1）治疗动脉粥样硬化：每次服粉剂4～5 g，1日3次。

2）止痒：开始时1日量6～10 g，维持量为每日3 g，分3次服用。

3）影响脂蛋白合成、转运及分解的药物。

吉非贝齐　Gemfibrozil

【别名】　苯氧戊酸、博利脂、二甲苯氧庚酸、二甲苯氧戊酸、洁脂、洛衡、诺衡胶囊、优瑞脂、吉非罗齐、诺衡（默沙东）、脂必清、康利脂。

【药理作用】　本品为非卤化的氯贝丁酯类降血脂药物，它能降低极低密度脂蛋白（VLDL）的合成，增加肝外脂蛋白活性，促进VLDL分解而使甘油三酯减少，并抑制动脉粥样硬化的过程。长期服用吉非罗齐可预防冠心病的发生并降低冠心病的危险性。

【适应证】　用于原发性和继发性脂蛋白血症，如血胆固醇过高（Ⅱa型）、血甘油三酯过高（Ⅲ型、Ⅳ型）、混合血脂过高（Ⅱb型、Ⅲ型、Ⅳ型）。糖尿病引起的血脂过高，血脂过高引起的黄瘤以及冠心病等。

【用法用量】

1）口服：国外推荐剂量每日1.2 g，分2次于早、晚餐前半小时服或遵照医嘱服用。国内试用每次300 mg，每日3次。

2）口服一次0.3～0.6 g，每日0.6～1.2 g，另有一部分病人到期需增加剂量。1.5 g/天才有效。

烟酸　Nicotinic Acid

【别名】　尼古丁酸、尼克酸。

【药理作用】　本品可降低辅酶A的利用，通过抑制极低密度脂蛋白（VLDL）的合成而影响血中胆固醇的运载，大剂量可降低血清胆固醇及甘油三酯浓度，并有周围血管扩张作用。

【适应证】

1）用于防治糙皮病等烟酸缺乏病。也用做血管扩张药，治疗高脂血症。

2）严格控制或选择饮食，或接受肠道外营养的病人，因营养不良体重骤减，妊娠期、哺乳期，以及服用异烟肼者，严重烟瘾、酗酒、吸毒者，烟酸需要量均增加。

【用法用量】

推荐膳食每日摄入量：初生至 3 岁为 5～9 mg，4～6 岁为 12 mg，7～10 岁为 13 mg，男性青少年及成人为 15～20 mg，女性青少年及成人为 13～15 mg，孕妇为 17 mg，乳母为 20 mg。

1）成人。

①糙皮病，常用量每次 50～100 mg，每日 500 mg，如有胃部不适，宜与牛奶同服或进餐时服，一般同时服用维生素 B_1、维生素 B_2、维生素 B_6 各5 mg。

②抗高血脂，开始口服 100 mg，一日 3 次，4～7 日后可增加至每次 1～2 g，一日 3 次。

2）小儿。

糙皮病，常用量每次 25～50 mg，一日 2～3 次。

氯贝丁酯　Clofibrate

【别名】　安妥明、冠心平、降脂平、氯贝特、脉康平、心血安。

【药理作用】　本品能抑制胆固醇和甘油三酯的合成。促进胆固醇和排泄，降低甘油三脂较降低胆固醇作用显著。还有降低血液黏度，降低血浆纤维蛋白原含量，有抗血栓作用。

【适应证】　主要用于高甘油三酯血症，尤其适用于Ⅲ、Ⅳ型高脂蛋白血症，还用于动脉粥样硬化。氯贝丁酯能降低血小板的黏附作用，抑制血小板聚集，使过高的纤维蛋白浓度降低至正常，因而减少血栓形成，可单独应用或与抗凝剂合用于缺血性心脏病人。

【用法用量】　口服。每次 0.5 g，每日 4 次。

（3）其他降血脂药

普罗布考　Probucol

【别名】　丙丁酚、普鲁布考。

【药理作用】　本品为血脂调节药并具有抗动脉粥样硬化作用。还具有显著的抗氧化作用，能抑制泡沫细胞的形成，延缓动脉粥样硬化斑块的形成，消退已形成的动脉粥样硬化斑块。

【适应证】　用于治疗高胆固醇血症。

【用法用量】　成人常用量。每次 0.5 g，每日 2 次，早、晚餐时服用。

多烯康　Duoxikang

本品为天然海洋鱼油制剂，主要含 25 碳 5 烯酸和 26 碳 6 烯酸，为 ω 型必需脂肪酸的成分。

【药理作用】 本品可降低高脂血症患者的甘油三酯（TG）、总固醇（TC）、低密度脂蛋白（LDL）、极低密度脂蛋白（VLDL）、升高高密度脂蛋白（HDL），另可降低血液黏度，改善某些狭窄血管组织内氧的供给，有利于降低冠心病的发病率。还可减少血小板花生四烯酸的含量，竞争性地抑制花生四烯酸的代谢，进而抑制血小板聚集，延缓血栓形成，促进冠脉扩张，有利于缓解心绞痛，预防心肌梗死和脑血栓的发生。

【适应证】 高脂血症、冠心病、脑血栓、慢性肾病的防治，亦是脑神经细胞的营养剂。

【用法用量】 每日 3 次，每次用量，降血脂 6～12 粒，慢性肾病 20 粒，补脑 1～2 粒。

4．利尿药

（1）高效利尿药

呋塞米 Furosemide

【别名】 腹安酸、腹水宁、利尿磺胺、利尿灵、速尿、速尿灵。

【药理作用】 本品能增加水、钠、氯、钾、钙、镁、磷等的排泄。还能抑制前列腺素分解酶的活性，使前列腺素 E_2 含量升高，从而具有扩张血管作用。

【适应证】

1）水肿性疾病。包括充血性心力衰竭、肝硬化、肾脏疾病（肾炎、肾病及各种原因所致的急、慢性肾功能衰竭），尤其是应用其他利尿药效果不佳时，应用本类药物仍可能有效。与其他药物合用治疗急性肺水肿和急性脑水肿等。

2）高血压。在高血压的阶梯疗法中，不作为治疗原发性高血压的首选药物，但当噻嗪类药物疗效不佳，尤其当伴有肾功能不全或出现高血压危象时，本类药物尤为适用。

3）预防急性肾功能衰竭。用于各种原因导致的肾脏血流灌注不足。例如，失水、休克、中毒、麻醉意外以及循环功能不全等，在纠正血容量不足的同时及时应用，可减少急性肾小管坏死的机会。

4）高钾血症及高钙血症。

5）稀释性低钠血症。尤其是当血钠浓度低于 120 mmol/L 时。

6）抗利尿激素分泌过多症（SIADH）。

7）急性药物毒物中毒。例如，巴比妥类药物中毒等。

【用法用量】

1）成人。

①治疗水肿性疾病。起始剂量为口服 20～40 mg，每日 1 次，必要时 6～8 小时后追加 20～40 mg，直至出现满意利尿效果。最大剂量虽可达每日 600 mg，但一般应控制在 100 mg 以内，分 2～3 次服用。以防过度利尿和不良反应发生。部分患者剂量可减少至 20～40 mg，隔日 1 次，或每周中连续服药 2～4 日，每日 20～40 mg。

②治疗高血压。起始每日 40～80 mg，分 2 次服用，并酌情调整剂量。

③治疗高钙血症。每日口服 80～120 mg，分 1～3 次服。

2）小儿。治疗水肿性疾病，起始按体重 2 mg/kg，口服，必要时每 4～6 小时追加

单元 2

1～2 mg/kg。新生儿应延长用药间隔。

（2）中效利尿药

氯噻酮　Chlortalidone

【别名】　海因通，氯酞酮。

【药理作用】　本品能使尿钠、钾、氯、磷和镁等离子排泄增加，而对尿钙排泄减少。除利尿排钠作用外，可能还有肾外作用机制参与降压，可能是增加胃肠道对 Na^+ 的排泄。

【适应证】

1）水肿性疾病，排泄体内过多的钠和水，减少细胞外液容量，消除水肿。常见的包括充血性心力衰竭、肝硬化腹水、肾病综合征、急慢性肾炎水肿、慢性肾功能衰竭早期、肾上腺皮质激素和雌激素治疗所致的水钠潴留。

2）高血压。可单独或与其他降压药联合应用，主要用于治疗原发性高血压。

3）中枢性或肾性尿崩症。

4）肾石症。主要用于预防含钙盐成分形成的结石。

【用法用量】

1）成人常用量。

①治疗水肿性疾病，每日 25～100 mg，或隔日100～200 mg；或每日 100～200 mg，每周连服 3 日。也有每日剂量达 400 mg。当肾脏疾病肾小球滤过率低于每分钟 10 mL 时，用药间歇应在 24～48 小时以上。

②治疗高血压，每日 25～100 mg，1 次服用或隔日 1 次，并依降压效果调整剂量。与其他降压药联合应用可以用较小剂量，每日 12.5～25 mg。

2）小儿常用量。按体重 2 mg/kg，每日 1 次，每周连服 3 日，并根据疗效调整剂量。

（3）低效利尿药

螺内酯　Spironolactone

【别名】　安体舒通，螺旋内酯固醇。

【药理作用】　本药结构与醛固酮相似，为醛固酮的竞争性抑制剂。仅作用于远曲小管和集合管，对肾小管其他各段无作用，故利尿作用较弱。

【适应证】

1）水肿性疾病。与其他利尿药合用，治疗充血性水肿、肝硬化腹水、肾性水肿等水肿性疾病，其目的在于纠正上述疾病时并发的继发性醛固酮分泌增多，并对抗其他利尿药的排钾作用。也用于特发性水肿的治疗。

2）高血压作为治疗高血压的辅助药物。

3）原发性醛固酮增多。

【用法用量】

1）治疗水肿性疾病，每日 40～120 mg，分 2～4 次服用，至少连服 5 日。以后酌情调整剂量。

2）治疗高血压，开始每日 40～80 mg，分次服用，至少服用 2 周，以后酌情调整剂

单元 2

量，不宜与血管紧张素转换酶抑制剂合用，以免增加发生高钾血症的机会。

3）治疗原发性醛固酮增多症，手术前患者每日用量 100～400 mg，分 2～4 次服用。不宜手术的患者，则选用较小剂量维持。

4）诊断原发性醛固酮增多症。长期试验，每日 400 mg，分 2～4 次服用，连续3～4 周。短期试验，每日 400 mg，分 2～4 次服用，连续 4 日。老年人对本药较敏感，开始用量宜偏小。

七、内分泌系统药物

1. 抗甲状腺药

（1）硫脲类

甲硫氧嘧啶　Methylthioruacil

【药理作用】　本品能与过氧化物酶系统中的二硫键结合成无活性的二硫化合物，干扰了二硫键传递碘的能力，从而抑制碘的活化，酪氨酸碘化及碘化酪氨酸的缩合，使甲状腺素的合成受到障碍。

【适应证】　用于各种类型的甲状腺功能亢进症，尤其适用于以下几种情况：

1）病情较轻，甲状腺轻至中度肿大患者。

2）青少年及儿童、老年患者。

3）甲状腺手术后复发，又不适于放射性^{131}I 治疗者。

4）手术前准备。

5）作为^{131}I 放疗的辅助治疗。

单元 2

【用法用量】　用于治疗成人甲状腺功能亢进症，开始剂量一般为每天 300 mg，视病情轻重介于 150～400 mg，分次口服，一日最大量 600 mg。病情控制后逐渐减量，维持量每天 50～150 mg，视病情调整；小儿开始剂量每日按体重 4 mg/kg，分次口服，维持量酌减。

甲巯咪唑　Thiamazole

【别名】　甲巯基咪唑、他巴唑（默克）。

【药理作用】　其作用机制是抑制甲状腺内过氧化物酶，从而阻碍吸聚到甲状腺内碘化物的氧化及酪氨酸的偶联，阻碍甲状腺素（T_4）和三碘甲状腺原氨酸（T_3）的合成。

【适应证】　抗甲状腺药物。适用于各种类型的甲状腺功能亢进症，尤其适用于以下几种情况：

1）病情较轻，甲状腺轻至中度肿大患者。

2）青少年及儿童、老年患者。

3）甲状腺手术后复发，又不适于用放射性^{131}I 治疗者。

4）手术前准备。

5）作为^{131}I 放疗的辅助治疗。

【用法用量】

1）成人。开始剂量一般为一日 30 mg（6 片），可按病情轻重调节为 15～40 mg（3～8 片），一日最大量 60 mg（12 片），分次口服；病情控制后，逐渐减量，每日维持量按病情需要介于 5～15 mg（1～3 片），疗程一般为 18～24 个月。

2）小儿。开始时剂量为每天按体重 0.4 mg/kg，分次口服。维持量约减半，按病情决定。

（2）碘和碘化物

复方碘溶液　Compound Iodine Solution

【别名】　卢戈氏液。

【药理作用】　本品为抗甲状腺药。甲状腺具有浓集碘的作用，甲状腺内含碘量约为人体内总含碘量的 80%，缺碘可引起甲状腺激素合成不足、甲状腺功能减退、甲状腺代偿性肿大；碘过量则可引起甲状腺功能亢进。

【适应证】　地方性甲状腺肿的治疗和预防；甲状腺功能亢进症手术治疗前的准备；甲状腺功能亢进症危象。

【用法用量】　成人和青少年常用量。

1）甲状腺手术术前用药。抗甲状腺药物治疗甲状腺功能亢进症状控制后，于术前 10～14 天开始口服复方碘溶液，每日 3 次，每次 3～5 滴（约 0.1～0.3 mL），应涂于食物服用。

2）甲状腺功能亢进症危象。应用复方碘溶液注射剂。

3）治疗地方性甲状腺肿，早期患者口服碘化钾一日 15 mg，20 日为一疗程，隔三个月再服一疗程；或口服复方碘溶液，一日 0.1～0.5 mL，2 周为一疗程。

4）预防地方性甲状腺肿，根据当地缺碘情况而定，一般每日 100 μg。

放射性碘

【药理作用】　临床应用的放射性碘是^{131}I，利用甲状腺高度摄碘能力，^{131}I可被甲状腺摄取，并可产生 β 射线（占 99%），在组织内的射程仅约 2 mm，因此其辐射作用只限于甲状腺内，破坏甲状腺实质，而很少波及周围组织。^{131}I还产生 γ 射线（占 1%），可在体外测得，故可用做甲状腺摄碘功能的测定。

【适应证】

1）中度甲亢。

2）年龄 25 岁以上。

3）经抗甲状腺药物治疗无效或对抗甲状腺药物过敏。

4）不宜手术或不愿接受手术者。

5）甲状腺功能检查。小剂量^{131}I可用于检查甲状腺功能。甲状腺功能亢进时，摄碘率高，摄碘高峰时间前移。反之，摄碘率低，摄碘高峰时间后延。

【用法用量】　根据甲状腺组织重量和甲状腺^{131}I摄取率计算剂量，一般主张每克甲状腺组织一次给予^{131}I 3.0 MBq。

2. 降血糖药

（1）胰岛素　Insulin

【别名】　普通胰岛素、因苏林（欧加农）、正规胰岛素、短效胰岛素。

【药理作用】　促进血循环中葡萄糖进入肝细胞、肌细胞、脂肪细胞及其他组织细胞合成糖原使血糖降低，促进脂肪及蛋白质的合成。

【适应证】　主要用于Ⅰ型糖尿病，特别是胰岛素依赖型糖尿病。

1）重型、消瘦、营养不良者。

2）轻、中型经饮食和口服降血糖药治疗无效者。

3）合并严重代谢紊乱（如酮症酸中毒、高渗性昏迷或乳酸酸中毒）、重度感染、消耗性疾病（如肺结核、肝硬变）和进行性视网膜、肾、神经等病变以及急性心肌梗死、脑血管意外者。

4）合并妊娠、分娩及大手术者。也可用于纠正细胞内缺钾。

【用法用量】　一般为皮下注射，1日3～4次。早餐前的1次用量最多。午餐前次之，晚餐前又次之，夜宵前用量最少。有时肌注。静脉注射只有在急症时（如糖尿病性昏迷）才用。

（2）口服降糖药

1）磺酰脲类

甲苯磺丁脲　Tolbutamide

【别名】　丁基对位甲基磺脲、甲苯磺胺丁脲、甲糖宁（拜尔）、雷司的浓、甲磺丁脲。

【药理作用】　本品为降血糖药，刺激胰腺胰岛β细胞分泌胰岛素，通过增加门静脉胰岛素水平或对肝脏直接作用，抑制肝糖原分解和糖原异生作用，肝生成和输出葡萄糖减少；也可增加胰外组织对胰岛素的敏感性和糖的利用（可能主要通过受体后作用），因此，总的作用是降低空腹血糖和餐后血糖。

【适应证】　适用于单用饮食控制疗效不满意的轻、中度Ⅱ型糖尿病，病人胰岛β细胞有一定的分泌胰岛素功能，并且无严重的并发症。

【用法用量】　口服。常用量一次0.5 g，一日1～2 g。开始在早餐前或早餐及午餐前各服0.5 g，也可0.25 g，一日三次，于餐前半小时服，根据病情需要逐渐加量，一般用量为每日1.5 g，最大用量每日3 g。

格列本脲　Glibenclamide

【别名】　达安辽、达安宁、乙磺已脲。

【药理作用】　刺激胰腺胰岛β细胞分泌胰岛素，通过增加门静脉胰岛素水平或对肝脏直接作用，抑制肝糖原分解和糖原异生作用，使肝生成和输出葡萄糖减少；能增加胰外组织对胰岛素的敏感性和糖的利用，降低空腹血糖和餐后血糖。

【适应证】　适用于单用饮食控制疗效不满意的轻、中度Ⅱ型糖尿病，病人胰岛β细胞有一定的分泌胰岛素功能，并且无严重的并发症。

【用法用量】　口服。开始 2.5 mg，早餐前或早餐及午餐前各一次，轻症者 1.25 mg，一日三次，三餐前服，7 日后递增每日 2.5 mg。一般用量为每日 5～10 mg，最大用量每日不超过 15 mg。

2）双胍类

二甲双胍　Metformin

【别名】　迪化糖锭、降糖片、美迪康、新降糖片、盐酸二甲双胍、甲福明、格华止（百时美施宝贵）、立克糖、美福明。

【药理作用】　本品为降血糖药。本品可降低Ⅱ型糖尿病患者空腹及餐后高血糖。与胰岛素作用不同，本品无促进脂肪合成作用、对正常人无明显降血糖作用，对Ⅱ型糖尿病单独应用时一般不引起低血糖。

【适应证】　用于单纯饮食控制不满意的Ⅱ型糖尿病病人，尤其是肥胖和伴高胰岛素血症者，用本药不但有降血糖的作用，还可能有减轻体重和高胰岛素血症的效果。对某些磺酰脲类疗效差的患者可奏效，如与磺酰脲类、小肠糖苷酶抑制剂或噻唑烷二酮类降糖药合用，较分别单用的效果更好。亦可用于胰岛素治疗的患者，以减少胰岛素用量。

【用法用量】　口服。成人开始一次 0.25 g，一日 2～3 次，以后根据疗效逐渐加量，一般每日量 1～1.5 g，最多每日不超过 2 g。餐中或餐后即刻服用，可减轻胃肠道反应。

3）α-葡萄糖苷酶抑制药

阿卡波糖　Acarbose

【别名】　抑葡萄糖苷酶、阿卡波糖、拜糖平（拜尔）、拜糖苹。

【药理作用】　本品为口服降血糖药。其降糖作用的机制是抑制小肠壁细胞和寡糖竞争，而与α-葡萄糖苷酶可逆性地结合，抑制酶的活性，从而延缓碳水化合物的降解，造成肠道葡萄糖的吸收缓慢，降低餐后血糖的升高。

【适应证】　可用于胰岛素依赖型或非胰岛素依赖型糖尿病，亦可与其他口服降血糖药或胰岛素联合应用。据报道有效率约 55%。

【用法用量】　口服。50～100 mg，一日 3 次，可从小剂量开始，每隔 1～2 周调整一次。必须与饭同服。开始剂量 50 mg，一日 1 次，随后增至 50 mg，一日 2～3 次，平均用量 100 mg，一日 3 次。

4）噻唑烷二酮类

罗格列酮　Rosiglitazone

【药理作用】　本品属噻唑烷二酮类抗糖尿病药，通过提高胰岛素的敏感性而有效地控制血糖。

【适应证】　本品适用于治疗Ⅱ型糖尿病。单一服用本品，并辅以饮食控制和运动，可控制Ⅱ型糖尿病患者的血糖。对于饮食控制和运动加服本品或单一抗糖尿病药物，而血糖控制不佳的Ⅱ型糖尿病患者，本品可与二甲双胍或磺酰脲类药物联合应用。对服用最大推荐剂量二甲双胍或磺酰脲类药物，且血糖控制不佳的患者，因本品不可替代原抗糖尿病药物，需在其基础上联合应用。

【用法用量】　口服。服药与进食无关。糖尿病治疗应个体化。

①单药治疗：初始剂量可为一日 4 mg，每日一次或分两次口服，如对初始剂量反应不佳，可逐渐加量至一日 8 mg。

②与磺酰脲类联合用药：初始剂量可为一日 4 mg，每日一次或分两次口服，发生低血糖时，减少磺脲类用量。

③与二甲双胍联合用药：初始剂量可为一日 4 mg，每日一次或分两次。12 周后若空腹血糖控制不理想，剂量增加至一日 8 mg。最大推荐剂量为每日 8 mg，每日一次或分两次口服。

3．糖皮质激素

（1）短效类

可的松　Cortisone

【别名】　醋酸可的松、化合物 E、考的松、皮质素。

【药理作用】　肾上腺皮质激素类药。具有抗炎、抗过敏、抗风湿、免疫抑制作用。

【适应证】　主要用于治疗原发性或继发性肾上腺皮质功能减退症，以及合成糖皮质激素所需酶系缺陷所致的各型先天性肾上腺增生症，必要时也可利用其药理作用治疗多种疾病，包括以下几种情况：

1）自身免疫性疾病：如系统性红斑狼疮、血管炎、多肌炎、皮肌炎、青年类风湿关节炎（Still′s 病）、甲状腺相关眼病（Graves 眼病）、自身免疫性溶血、血小板减少性紫癜、重症肌无力。

2）过敏性疾病，如严重支气管哮喘、过敏性休克、血清病、特异反应性皮炎。

3）器官移植排异反应，如肾、肝、心等组织移植。

4）炎症性疾患，如节段性回肠炎、溃疡性结肠炎、炎症眼病。

5）血液病，如急性白血病、淋巴瘤。

6）其他。结节病、甲状腺危象、亚急性非化脓性甲状腺炎、败血性休克、脑水肿、肾病综合征、高钙血症。

【用法用量】　口服。治疗肾上腺皮质功能减退，成人一般每日剂量 25～37.5 mg

(1～1.5 片)，清晨服 2/3，下午服 1/3。当患者有应激状况时（如发热、感染），应适当加量。有严重应激时，应改为氢化可的松静脉注射。

(2) 中效类

泼尼松 Prednisone

【别名】 强的松、去氢可的松。

【药理作用】 肾上腺皮质激素类药，具有抗炎、抗过敏、抗风湿、免疫抑制作用。

【适应证】 主要用于过敏性与自身免疫性炎症性疾病。适用于结缔组织病，系统性红斑狼疮，重症多肌炎，严重的支气管哮喘，皮肌炎，血管炎等过敏性疾病，急性白血病，恶性淋巴瘤以及适用于其他肾上腺皮质激素类药物的病症等。

【用法用量】

1）口服一般一次 5～10 mg（1～2 片），一日 10～60 mg（2～12 片）。

2）对于系统性红斑狼疮、胃病综合征、溃疡性结肠炎、自身免疫性溶血性贫血等自身免疫性疾病，可给每日 40～60 mg，病情稳定后逐渐减量。

3）对药物性皮炎、荨麻疹、支气管哮喘等过敏性疾病，可给泼尼松每日 20～40 mg，症状减轻后减量，每隔 1～2 日减少 5 mg。

4）防止器官移植排异反应，一般在术前 1～2 天开始每日口服 100 mg，术后一周改为每日 60 mg，以后逐渐减量。

5）治疗急性白血病、恶性肿瘤，每日口服 60～80 mg，症状缓解后减量。

(3) 长效类

地塞米松 Dexamethasone

【别名】 氟甲强的松龙、氟美松、甲氟烯索。

【药理作用】 肾上腺皮质激素类药，其抗炎、抗过敏、抗休克作用比泼尼松更显著，而对水钠潴留和促进排钾作用很轻，对垂体—肾上腺抑制作用较强。

【适应证】 主要用于过敏性与自身免疫性炎症性疾病，如结缔组织病，严重的支气管哮喘，皮炎等过敏性疾病，溃疡性结肠炎，急性白血病，恶性淋巴瘤等。此外，本药还用于某些肾上腺皮质疾病的诊断。

【用法用量】 口服。成人开始剂量为一次 0.75～3.00 mg（1～4 片），一日 2～4 次，维持量约一日 0.75 mg（1 片），视病情而定。

八、抗感染药

1. 人工合成抗菌药

(1) 喹诺酮类

诺氟沙星 Norfloxacin

【别名】 氟哌酸、力醇罗片、淋克星、Fulgram，Noroxin、Baccidal、Brazan、Uroxacin、Zoroxin、AM-715、MK-0366、NFLX。

【药理作用】　本品为氟喹诺酮类抗菌药，具广谱抗菌作用，尤其对需氧革兰阴性杆菌的抗菌活性高，体外对多重耐药菌亦具抗菌活性，对青霉素耐药的淋病奈瑟菌、流感嗜血杆菌和卡他莫拉菌亦有良好抗菌作用。

【适应证】　适用于敏感菌所致的尿路感染、淋病、前列腺炎、肠道感染和伤寒及其他沙门菌感染。

【用法用量】

1）大肠埃希菌、肺炎克雷伯菌及奇异变形菌所致的急性单纯性下尿路感染。一次400 mg，一日2次，疗程3日。

2）其他病原菌所致的单纯性尿路感染：剂量同上，疗程7～10日。

3）复杂性尿路感染：剂量同上，疗程10～21日。

4）单纯性淋球菌性尿道炎：单次800～1 200 mg。

5）急性及慢性前列腺炎：一次400 mg，一日2次，疗程28日。

6）肠道感染：一次300～400 mg，一日2次，疗程5～7日。

7）伤寒沙门菌感染：一日800～1 200 mg，分2～3次服用，疗程14～21日。

氧氟沙星　Ofloxacin

【别名】　氟嗪酸、泰利必妥、康泰必妥、奥复星、奥复欣、Tarivid、Oflocet、Oxaldin、DL-8280、Hoe-280、OFLX。

【药理作用】　本品是国内常用氟喹诺酮类中的较好品种，其抗菌谱、抗菌活性与环丙沙星基本相同，对革兰阴性杆菌（包括肠杆菌科细菌、铜绿假单胞菌等）的体外活性较环丙沙星略弱，但氧氟沙星口服吸收好，生物利用度高，每日用量少，不良反应少等，优于环丙沙星。

【适应证】　适用于敏感菌引起的：

1）泌尿生殖系统感染，包括单纯性、复杂性尿路感染、细菌性前列腺炎、淋病奈瑟菌尿道炎或宫颈炎（包括产酶株所致者）。

2）呼吸道感染，包括敏感革兰阴性杆菌所致支气管感染急性发作及肺部感染。

3）胃肠道感染，由志贺菌属、沙门菌属、产肠毒素大肠埃希菌、亲水气单胞菌、副溶血弧菌等所致。

4）伤寒。

5）骨和关节感染。

6）皮肤软组织感染。

7）败血症等全身感染。

【用法用量】　口服。成人常用量：

1）支气管感染、肺部感染。一次0.3 g，一日2次，疗程7～14日。

2）急性单纯性下尿路感染。一次 0.2 g，一日 2 次，疗程 5～7 日；复杂性尿路感染：一次 0.2 g，一日 2 次，疗程 10～14 日。

3）前列腺炎。一次 0.3 g，一日 2 次，疗程 6 周；衣原体宫颈炎或尿道炎，一次 0.3 g，一日 2 次，疗程 7～14 日。

4）单纯性淋病。一次 0.4 g，单剂量。

5）伤寒。一次 0.3 g，一日 2 次，疗程 10～14 日。铜绿假单胞菌感染或较重感染剂量可增至一次 0.4 g，一日 2 次。

氟罗沙星　Fleroxacin

【别名】　多氟哌酸、多氟沙星、Fleroxacine。

【药理作用】　本品为喹诺酮类抗菌药，对革兰阴性菌具有较强的抗菌作用，对葡萄球菌属、溶血链球菌等革兰阳性球菌亦具有中等抗菌作用。

【适应证】　可用于对本品敏感细菌引起的急性支气管炎，慢性支气管炎急性发作及肺炎等呼吸系统感染；膀胱炎、肾盂肾炎、前列腺炎、附睾炎、淋病奈瑟菌性尿道炎等泌尿生殖系统感染；伤寒沙门菌感染、细菌性痢疾等消化系统感染；皮肤软组织感染、骨感染、腹腔感染及盆腔感染等。

【用法用量】　口服。一日 0.2～0.4 g，分 1～2 次服，一般疗程 7～14 日。

左氧氟沙星　Levofloxacin

【别名】　利氧沙星、左氟沙星、左旋氧氟沙星、左克、洛普星。

【药理作用】　本品主要成分为左氧氟沙星，具有广谱抗菌作用，抗菌作用强，对多数肠杆菌科细菌，如大肠埃希菌、流感嗜血杆菌、嗜肺军团菌、淋病奈瑟菌等革兰阴性菌有较强的抗菌活性。对金黄色葡萄球菌、肺炎链球菌、化脓性链球菌等革兰阳性菌和肺炎支原体、肺炎衣原体也有抗菌作用，但对厌氧菌和肠球菌的作用较差。

【适应证】　适用于敏感菌引起的：

1）泌尿生殖系统感染，包括单纯性、复杂性尿路感染、细菌性前列腺炎、淋病奈瑟菌尿道炎或宫颈炎（包括产酶株所致者）。

2）呼吸道感染，包括敏感革兰阴性杆菌所致支气管感染急性发作及肺部感染。

3）胃肠道感染，由志贺菌属、沙门菌属、产肠毒素大肠埃希菌、亲水气单胞菌、副溶血弧菌等所致。

4）伤寒。

5）骨和关节感染。

6）皮肤软组织感染。

7）败血症等全身感染。

【用法用量】　口服。成人常用量：

1）支气管感染、肺部感染。一次 0.2 g，一日 2 次，或一次 0.1 g，一日 3 次，疗程

7～14 日。

2）急性单纯性下尿路感染。一次 0.1 g，一日 2 次，疗程 5～7 日；复杂性尿路感染：一次 0.2 g，一日 2 次，或一次 0.1 g，一日 3 次，疗程 10～14 日。

3）细菌性前列腺炎。一次 0.2 g，一日 2 次，疗程 6 周。

成人常用量为一日 0.3～0.4 g，分 2～3 次服用，如感染较重或感染病原体敏感性较差者，如铜绿假单胞菌等假单胞菌属细菌感染的治疗剂量也可增至一日 0.6 g，分 3 次服用。

（2）磺胺类

复方磺胺甲噁唑　Sulfamethoxazole compound

【别名】　复方新诺明、百炎净、复方磺胺甲基异噁唑、复方新明磺、菌特灵、抗菌优、增效磺胺、复方磺胺增效剂。

【药理作用】　磺胺类药物为抑菌药，对多种革兰阳性菌和阴性菌均有抑制作用。其中较敏感的有溶血性链球菌、肺炎球菌、脑膜炎球菌、淋球菌和流感杆菌，其次是大肠埃希菌、变形杆菌、痢疾杆菌、肺炎杆菌和葡萄球菌等。对其他病原微生物如沙眼衣原体、放线菌等也有抑制作用。对病毒、立克次体、支原体、螺旋体无效。

【适应证】　本品为磺胺类药物中抗菌最强而且较常用的复方制剂，除用于上述抗感染外，还可用于肠道感染、心内膜炎、急慢性支气管炎、淋病、骨髓炎、婴儿腹泻、旅游者腹泻、败血症等的治疗；也用于治疗肺囊虫病，常与戊烷米合用。

【用法用量】　口服。1～2 片/次，2～3 次/日，首剂加倍。6～12 岁小儿每次 1/2～1片，2～6 岁小儿每次 1/4～1/2 片，均每日 2 次。肌内注射每次 2 mL，2 次/日。

磺胺醋酰　Sulfacetamide

【别名】　磺胺乙酰、磺乙酰胺钠、磺胺酰胺钠，磺醋酰胺 Sultacetamide、Sulphacetamide。

【药理作用】　本品主要成分为磺胺醋酰钠，属局部应用的磺胺类药，抗菌作用较弱，但能抑制大多数革兰阳性菌、沙眼衣原体以及部分革兰阴性菌。水溶液呈中性，刺激性小，滴眼后穿透力强，药物可渗入眼部晶体及眼内组织而达较高浓度。

【适应证】　主要用于敏感菌所致浅表性结膜炎、角膜炎、睑缘炎和沙眼的治疗，也可用于眼外伤、慢性泪囊炎、结膜、角膜及眼内手术的感染预防。

【用法用量】　滴于眼睑内，一次 1～2 滴，一日 3～5 次。

（3）甲氧苄啶类

甲氧苄啶　Trimethoprim

【别名】　甲氧苄氨嘧啶、甲氧苄嘧啶、三甲氧苄氨嘧啶、三甲氧嘧啶、Proloprim、Trimethoxyprim、Trimpex。

【药理作用】　本品主要成分为甲氧苄啶，其对大肠埃希菌、克雷伯菌属、奇异变形杆菌、沙门菌属、志贺菌属均具有抗菌活性，对肺炎链球菌、淋病奈瑟菌、脑膜炎奈瑟菌的抗菌作用不明显，对铜绿假单胞菌无作用。

【适应证】　本品可用于对其呈现敏感的大肠埃希菌、奇异变形杆菌、肺炎克雷伯菌和某些肠杆菌属和腐生葡萄球菌等细菌所致的急性单纯性下尿路感染初发病例。本品对铜绿假单胞菌感染无效。目前本品很少单用，一般均与磺胺药，如磺胺甲硝唑或磺胺嘧啶联合用药。

【用法用量】　治疗急性单纯性尿路感染。口服。成人常用量：一次 0.1 g，每 12 小时 1 次或一次 0.2 g，一日 1 次，疗程 7～10 日。

肾功能损害成人患者需减量应用。肌酐清除率＞30 mL/min（0.5 mL/s）时仍用成人常用量；肌酐清除率为 15～30 mL/min（0.25～0.5 mL/s）时，每 12 小时服50 mg；肌酐清除率＜15 mL/min（0.25 mL/s）时不宜服用本品。

（4）硝基呋喃类

呋喃妥因　Nitrofurantoin

【别名】　呋喃坦丁、呋喃坦啶、硝呋妥因、硝基呋喃妥因。

【药理作用】　本品主要成分为呋喃妥因，为抗菌药。大肠埃希菌对本品多呈敏感，产气肠杆菌、阴沟肠杆菌、变形杆菌属、克雷伯菌属等肠杆菌科细菌的部分菌株对本品敏感，铜绿假单胞菌通常对本品耐药。对肠球菌属等革兰阳性菌具有抗菌作用。

【适应证】　用于对其敏感的大肠埃希菌、肠球菌属、葡萄球菌属以及克雷伯菌属、肠杆菌属等细菌所致的急性单纯性下尿路感染，也可用于尿路感染的预防。

【用法用量】　口服。成人一次 50～100 mg，一日 3～4 次。单纯性下尿路感染用低剂量；1 月以上小儿每日按体重 5～7 mg/kg，分 4 次服。疗程至少 1 周，或用至尿培养转阴后至少 3 日。

对尿路感染反复发作予本品预防者，成人一日 50～100 mg，睡前服用，儿童一日 1 mg/kg。

（5）硝咪唑类

甲硝唑　Metronidazole

【别名】　灭滴灵、甲硝羟乙唑、甲硝哒唑、甲硝基乙唑、灭滴唑、硝基羟乙唑、咪唑尼达。

【药理作用】　本品主要成分为甲硝唑，为硝基咪唑衍生物，可抑制阿米巴原虫的氧化还原反应，使原虫氮链发生断裂，有强大的杀灭滴虫的作用，对厌氧微生物有杀灭作用，它在人体中还原时生成的代谢物也具有抗厌氧菌作用。

【适应证】　用于治疗肠道和肠外阿米巴病（如阿米巴肝脓肿、胸膜阿米巴病等），还可用于治疗阴道滴虫病、小袋虫病和皮肤利什曼病、麦地那龙线虫感染等，目前还广泛用于厌氧菌感染的治疗。

单元
2

【用法用量】

1）肠道阿米巴病，一次0.4～0.6 g，一日3次，疗程7日；肠道外阿米巴病，一次0.6～0.8 g，一日3次，疗程20日。

2）贾第虫病，一次0.4 g，一日3次，疗程5～10日。

3）麦地那龙线虫病，一次0.2 g，每日3次，疗程7日。

4）小袋虫病，一次0.2 g，一日2次，疗程5日。

5）皮肤利什曼病，一次0.2 g，一日4次，疗程10日，间隔10日后重复一疗程。

6）滴虫病，一次0.2 g，一日4次，疗程7日；可同时用栓剂，每晚0.5 g置入阴道内，连用7～10日。

7）厌氧菌感染，口服每日0.6～1.2 g，分3次服用，7～10日为一疗程。

2. 抗生素

（1）β-内酰胺类

1）青霉素类

青霉素 Benzylpenicillin

【别名】 苄青霉素、青霉素G、盘尼西林。

【药理作用】 青霉素适用于敏感细菌所致各种感染，如脓肿、菌血症、肺炎和心内膜炎等。

【适应证】 青霉素可用于治疗以下几种情况：

①流行性脑脊髓膜炎。

②放线菌病。

③淋病。

④奋森咽峡炎。

⑤莱姆病。

⑥多杀巴斯德菌感染。

⑦鼠咬热。

⑧利斯特菌感染。

⑨除脆弱拟杆菌以外的许多厌氧菌感染。

风湿性心脏病或先天性心脏病患者进行口腔、牙科、胃肠道或泌尿生殖道手术和操作前，可用青霉素预防感染性心内膜炎发生。

【用法用量】 青霉素由肌内注射或静脉滴注给药。

①成人：肌内注射，一日80万～200万单位，分3～4次给药；静脉滴注：一日200万～2 000万单位，分2～4次给药。

②小儿：肌内注射，按体重2.5万单位/kg，每12小时给药1次；静脉滴注：每日按体重5万～20万单位/kg，分2～4次给药。

③新生儿（足月产）：每次按体重 5 万单位/kg，肌内注射或静脉滴注给药；出生第一周每 12 小时 1 次，一周以上者每 8 小时 1 次，严重感染每 6 小时 1 次。

④早产儿：每次按体重 3 万单位/kg，出生第一周每 12 小时 1 次，2～4 周者每 8 小时 1 次；以后每 6 小时 1 次。

⑤肾功能减退患者：轻、中度肾功能损害者使用常规剂量不需减量，严重肾功能损害者应延长给药间隔或调整剂量。

⑥肌内注射时，每 50 万单位青霉素钾溶解于 1 mL 灭菌注射用水，超过 50 万单位则需加灭菌注射用水 2 mL，不应以氯化钠注射液为溶剂；静脉滴注时给药速度不能超过每分钟 50 万单位，以免发生中枢神经系统毒性反应。

苯唑西林　Oxacillin

【别名】　苯甲异噁唑青霉素钠、苯甲异噁唑青霉素、苯唑青霉素、苯唑西林钠、新青Ⅱ号、新青霉素-2、新青霉素Ⅱ、Cryptocillin、Oxacilinum Natricum、Oxacillin Sodium、Prostaphlin、Sodium Oxacillin。

【药理作用】　本品是耐酸和耐青霉素酶青霉素，对产青霉素酶葡萄球菌具有良好的抗菌活性，对各种链球菌及不产青霉素酶的葡萄球菌抗菌活性则逊于青霉素 G，通过抑制细菌细胞壁合成而发挥杀菌作用。

【适应证】　主要用于耐青霉素葡萄球菌所致的各种感染，如败血症、呼吸道感染、脑膜炎、软组织感染等，也可用于化脓性链球菌或肺炎球菌与耐青霉素葡萄球菌所致的混合感染。

【用法用量】　本品供肌内注射时，每 0.5 g 加灭菌注射用水 2.8 mL。肌内注射成人一日 4～6 g，分 4 次给药；静脉滴注成人一日 4～8 g，分 2～4 次给药，严重感染每日剂量可增加至 12 g。小儿体重 40 kg 以下者，每 6 小时按体重给予 12.5～25 mg/kg，体重超过 40 kg 者予以成人剂量。轻、中度肾功能减退患者不需调整剂量，严重肾功能减退患者应避免应用大剂量，以防中枢神经系统毒性反应发生。

阿莫西林　Amoxicillin

【别名】　阿莫仙、阿莫灵、弗莱莫星、羟氨苄青霉素等。

【药理作用】　青霉素类抗生素，对肺炎链球菌、溶血性链球菌等链球菌属、不产青霉素酶葡萄球菌、粪肠球菌等需氧革兰阳性球菌，大肠埃希菌、奇异变形杆菌、沙门菌属、流感嗜血杆菌、淋病奈瑟菌等需氧革兰阴性菌的不产 β-内酰胺酶菌株及幽门螺杆菌具有良好的抗菌活性。

【适应证】　适用于敏感菌（不产 β-内酰胺酶菌株）所致的下列感染：

①溶血链球菌、肺炎链球菌、葡萄球菌或流感嗜血杆菌所致中耳炎、鼻窦炎、咽炎、扁桃体炎等上呼吸道感染。

②大肠埃希菌、奇异变形杆菌或粪肠球菌所致的泌尿生殖道感染。

③溶血链球菌、葡萄球菌或大肠埃希菌所致的皮肤软组织感染。

④溶血链球菌、肺炎链球菌、葡萄球菌或流感嗜血杆菌所致急性支气管炎、肺炎等下呼吸道感染。

⑤急性单纯性淋病。

⑥本品尚可用于治疗伤寒、伤寒带菌者及钩端螺旋体病；阿莫西林亦可与克拉霉素、兰索拉唑三联用药根除胃、十二指肠幽门螺杆菌，降低消化道溃疡复发率。

【用法用量】 口服。成人一次 0.5 g，每 6～8 小时 1 次，一日剂量不超过 4 g。小儿一日剂量按体重 20～40 mg/kg，每 8 小时 1 次；3 个月以下婴儿一日剂量按体重 30 mg/kg，每 12 小时 1 次。肾功能严重损害患者需调整给药剂量。

羧苄西林 Carbenicillin

【别名】 羧苄青霉素、卡比西林钠、羧苄青、卡比西。

【药理作用】 本品为半合成青霉素，对革兰阳性菌的抗菌作用与氨苄西林相似，而强度较弱，但对铜绿假单胞菌和变形杆菌的作用则较强。

【适应证】 主要用于系统性铜绿假单胞菌感染，如败血症、尿路感染、呼吸道感染、腹腔、盆腔感染以及皮肤、软组织感染等，也可用于其他敏感肠杆菌科细菌引起的系统性感染。

【用法用量】 本品可供静脉滴注和静脉注射。肌内注射：成人每日 2～8 g，每日 3～4 次；儿童每日 0.05～0.2 g/kg，每日 3～4 次。静脉注射：成人每日 5～20 g，每日 3～4 次；儿童每日 0.1 g～0.4 g/kg，每日 3～4 次。亦可作胸腔或关节腔内注射。中度感染，成人一日 8 g，分 2～3 次肌注或静脉注射，儿童每 6 小时按体重 12.5～50 mg/kg注射；严重感染，成人一日 10～30 g，分 2～4 次静脉滴注或注射，儿童每日按体重100～300 mg/kg，分 4～6 次注射。

2）头孢菌素类

头孢噻吩 Cefalotin

【别名】 噻孢霉素、噻孢霉素钠、头孢金素、头孢菌素钠Ⅰ、头孢娄新、先锋芦新、先锋霉素Ⅰ、头孢噻吩。

【药理作用】 本品为广谱抗生素。对革兰阳性菌的活性较强，产青霉素酶和不产青霉素酶金黄色葡萄球菌、化脓性链球菌、肺炎球菌、B 组溶血性链球菌、草绿色链球菌、表皮葡萄球菌、白喉杆菌、炭疽杆菌对本品皆相当敏感。本品对革兰阴性菌的作用较差，除脑膜炎杆菌和淋球菌对本品高度敏感外，大肠埃希菌、克雷伯菌属、沙门菌属、志贺菌属、奇异变形杆菌对本品多中度敏感，其余革兰阴性杆菌如吲哚阳性变形杆菌、沙雷菌、肠杆菌、铜绿假单胞菌等皆对本品耐药。

【适应证】 由于本品对金黄色葡萄球菌有较强抗菌活性，对青霉素酶的稳定性较头孢噻啶为强，因此本品可作为耐青霉素金黄色葡萄球菌所致的呼吸道感染、软组织感染、尿路感染、败血症等的选用药物。本品对肺炎球菌和化脓性链球菌的疗效均甚满意。

【用法用量】 成人常用量。肌内或静脉注射，一次 1～2 g，每 6 小时一次。单纯性肺炎、疖肿（伴蜂窝织炎）和敏感菌所致的尿路感染，一次 0.5 g，每 6 小时一次。严重感染病人的每日剂量可加大至 12 g（包括各种途径的给药）。预防手术感染的剂量为术前 0.5～1 小时和手术期间各给予 1～2 g，术后每 6 小时一次。

头孢哌酮 Cefoperazone

【别名】 先锋必素、头孢氧哌唑、先锋必（辉瑞）、头孢哌酮钠、先锋哌酮、氧哌羟苯唑、头孢菌素钠、先锋哌唑酮、先锋松、头孢氧哌羟苯唑、氧哌嗪头孢、赛福必。

【药理作用】 本品为第三代头孢菌素，对大肠埃希菌、克雷伯菌属、变形杆菌属、伤寒沙门菌、志贺菌属、枸橼酸杆菌属等肠杆菌科细菌和铜绿假单胞菌有良好抗菌作用，对产气肠杆菌、阴沟肠杆菌、鼠伤寒杆菌和不动杆菌属等的作用较差，流感杆菌、淋病奈瑟菌和脑膜炎奈瑟菌对本品高度敏感。本品对各组链球菌、肺炎球菌亦有良好作用，对葡萄球菌（甲氧西林敏感株）仅具中度作用，肠球菌属耐药。

【适应证】 适用于敏感菌所致的各种感染如肺炎及其他下呼吸道感染、尿路感染、胆道感染、皮肤软组织感染、败血症、腹膜炎、盆腔感染等，后两者宜与抗厌氧菌药联合应用。

【用法用量】 可供肌内注射、静脉注射或静脉滴注。成人常用量：一般感染，一次 1～2 g，每 12 小时 1 次；严重感染，一次 2～3 g，每 8 小时 1 次。接受血液透析者，透析后应补给 1 次剂量。成人一日剂量不超过 9 g，但在免疫缺陷病人有严重感染时，剂量可加大至每日 12 g。小儿常用量：每日 50～200 mg/kg，分 2～3 次静脉滴注。

头孢曲松 Ceftriaxone

【别名】 头孢氨噻三嗪、头孢噻肟三嗪、头孢三嗪噻肟、头孢泰可松。

【药理作用】 本品为长效、广谱头孢菌素，具有很强的杀菌作用。头孢曲松对下列革兰阴性杆菌具有高度抗菌活性，大肠埃希菌、克雷伯菌、奇异变形杆菌、吲哚阳性变形杆菌、沙门菌、志贺菌等肠杆菌科细菌以及流感嗜血杆菌；本品对脑膜炎球菌、淋球菌等革兰阴性球菌亦具有良好抗菌作用；革兰阳性球菌如对肺炎球菌、化脓性链球菌、草绿色链球菌、牛链球菌等均对本品呈现敏感；头孢曲松对金黄色葡萄球菌也具有一定抗菌作用，但其作用较上述革兰阳性球菌为差。铜绿假单胞菌、不动杆菌等对本品的敏感性差。

【适应证】 对本品敏感的致病菌引起的感染，如脓毒血症、脑膜炎、播散性莱姆病（早、晚期）、腹部感染（腹膜炎、胆道及胃肠道感染）、骨、关节、软组织、皮肤及伤口感染、免疫功能低下病人的感染、肾脏及泌尿道感染、呼吸道感染，尤其是肺炎、耳鼻喉感染、生殖系统感染，包括淋病、术前预防感染。

【用法用量】 成人常用量 肌内注射或静脉给药，每 24 小时 1～2 g 或每 12 小时 0.5～1 g。最高剂量一日 4 g。疗程 7～14 日。

小儿常用量静脉给药，按体重一日 20～80 mg/kg。12 岁以上小儿用成人剂量。治疗淋病的推荐剂量为单剂肌内注射 0.25 g。

3）其他 β-内酯胺类

氨曲南 Aztreonam

【别名】 氨噻酸单胺菌素、氯氨苄头孢菌素、噻肟单酰胺菌素。

【药理作用】 本品对大多数需氧革兰阴性菌具有高度的抗菌活性，包括大肠埃希菌、克雷伯菌属的肺炎杆菌和奥克西托菌、产气杆菌、阴沟杆菌、变形杆菌属、沙雷菌属、枸橼酸菌属、志贺菌属等肠杆菌科细菌，以及流感杆菌、淋球菌、脑膜炎双球菌等，其对铜绿假单胞菌也具有良好的抗菌作用，对某些除铜绿假单胞菌以外的假单胞菌属和不动杆菌属的抗菌作用较差，对某些除铜绿假单胞菌以外的假单胞菌属和不动杆菌属的抗菌作用较差，对葡萄球菌属、链球菌属等需氧革兰阳性菌以及厌氧菌无抗菌活性。

【适应证】 适用于治疗敏感需氧革兰阴性菌所致的各种感染，如尿路感染、下呼吸道感染、败血症、腹腔内感染、妇科感染、术后伤口及烧伤、溃疡等皮肤软组织感染等。亦用于治疗医院内感染中的上述类型感染（如免疫缺陷病人的医院内感染）。

【用法用量】

①静脉滴注。每 1 g 氨曲南至少用注射用水 3 mL 溶解，再用适当输液（0.9%氯化钠注射液、5%或 10%葡萄糖注射液或林格氏注射液）稀释，氨曲南浓度不得超过 2%，滴注时间 20～60 分钟。

②静脉推注。每瓶用注射用水 6～10 mL 溶解，于 3～5 分钟内缓慢注入静脉。

③肌内注射。

成人。每克氨曲南至少用注射用水或 0.9%氯化钠注射液 3 mL 溶解，深部肌内注射。病人单次剂量大于 1 g 或患败血症、其他全身严重感染或危及生命的感染应静脉给药，最高剂量每日 8 g。

亚胺培南 Imipenem

【别名】 亚胺硫霉素、泰宁。

【药理作用】 本品对革兰阳性、阴性的需氧和厌氧菌具有抗菌作用。抗菌谱包括链球菌、金黄色葡萄球菌、大肠埃希菌、克雷伯菌、不动杆菌部分菌株、流杆嗜血杆菌变形杆菌、沙雷菌、铜绿假单胞菌等。

【适应证】 临床主要用于革兰阳性菌、阴性菌、厌氧菌所致的呼吸道、感染、胆道感染、泌尿系统和腹腔感染、皮肤软线织、骨和关节、妇科感染等。

【用法用量】 肌内注射或静脉滴注，剂量以亚胺培南计。成人，1～2 g/日，分

2～4次。肌内注射，可用1%利多卡因注射液配成混悬液，以减轻疼痛。静脉滴注，可用生理盐水或5%葡萄糖溶解稀释，配成5 mg/mL的浓度，缓慢静脉滴注。儿童每日60～100 mg/kg，分3～4次。

(2) 氨基糖苷类

链霉素 Streptomycin

【药理作用】 本品对结核杆菌有强大抗菌作用。非典型分枝杆菌对本品大多耐药。链霉素对许多革兰阴性杆菌如大肠埃希菌、肺炎克雷伯菌、肠杆菌属、沙门菌属、志贺菌属、布鲁菌属、巴斯德杆菌属等也具抗菌作用，脑膜炎球菌和淋球菌对本品亦敏感。链霉素对金葡菌等多数革兰阳性球菌的抗菌活性差。在常用剂量时链霉素对肠球菌属无抗菌作用，但本品与青霉素合用可呈协同作用而具杀菌作用。各组链球菌、铜绿假单胞菌和厌氧菌对本品耐药。

【适应证】

1) 本品适用于土拉菌病，或与其他抗菌药物联合用于鼠疫、性病肉芽肿、布氏杆菌病、鼠咬热，亦可与青霉素联合治疗预防草绿色链球菌或肠球菌所致的心内膜炎。

2) 本品亦可与其他抗结核药物联合用于结核分枝杆菌所致的各种结核病或其他分枝杆菌感染。

【用法用量】 成人常用量。

1) 抗菌，肌内注射，一次0.5 g（以链霉素计，下同），每12小时1次，与其他抗菌药物合用；细菌性心内膜炎，肌内注射，与青霉素G联合，一次1 g，每12小时1次，连续1周，继以0.5 g，每12小时1次，连续1周；60岁以上的患者应减为0.5 g，每12小时1次，连续2周。

2) 肠菌性心内膜炎，肌内注射，与青霉素G联合，一次1 g，每12小时1次；连续2周，继以0.5 g，每12小时1次，连续4周。

3) 结核病，与其他抗结核药合用，肌内注射，一日1.0 g，分2次，或一次0.75 g，一日1次；如临床情况许可，改用间歇给药，即减为每周给药2～3次，每次1 g；老年患者肌内注射，一次0.5～0.75 g，每日1次。

庆大霉素 Gentamicin

【别名】 硫酸庆大霉素、正泰霉素、艮他霉素、瑞贝克。

【药理作用】 本品对大肠埃希菌、克雷伯菌属、肠杆菌属、变形杆菌、不动杆菌、流感嗜血杆菌等需氧革兰阴性杆菌有较强抗菌作用。在革兰阳性菌中，金黄色葡萄球菌对本品敏感。本品对厌氧菌无效。对金黄色葡萄球菌及大肠埃希菌，产气杆菌奇异变形杆菌、铜绿假单胞菌作用较强。

【适应证】 适用于敏感细菌所致的新生儿脓毒症、败血症、中枢神经系统感染（包括脑膜炎）、尿路生殖系统感染、呼吸道感染、胃肠道感染（包括腹膜炎）、胆道感

单元 2

染、皮肤、骨骼、中耳炎、鼻窦炎、软组织感染（包括烧伤）、利斯特菌病。

【用法用量】 成人。口服，一次 80～160 mg，一天 3～4 次。肌内注射，一次 80 mg，一日 2～3 次。静脉滴注，一次 80 mg，每 8 小时静脉滴注一次。

儿童。口服，每日 10～15 mg/kg（体重），分 3 次服用。注射给药，每日 3～5 mg/kg（体重），分 3 次给药，间隔 8 小时。

（3）多肽类

多黏菌素 E　Polymyxin E

【别名】 抗敌素、可立斯丁、黏菌素。

【药理作用】 大肠埃希菌、克雷伯菌属、肠杆菌属对本品敏感，本品对铜绿假单胞菌的抗菌活性差异较大。不动杆菌属、沙门菌属、志贺菌属、流感嗜血杆菌、百日咳鲍特菌、嗜肺军团菌通常敏感。霍乱弧菌可呈现敏感，但埃尔托型弧菌耐药。沙雷菌属、脑膜炎奈瑟菌、淋病奈瑟菌、变形杆菌属、布鲁菌属均耐药。脆弱拟杆菌耐药，而其他拟杆菌属和真杆菌属则很敏感。所有革兰阳性菌对多黏菌素均耐药。

【适应证】 敏感菌引起的严重感染如菌血症、尿路感染、眼角膜感染、心内膜炎、肺炎等。口服用于大肠埃希菌所致急性肠炎或急性痢疾等。

【用法用量】 肌内注射或静脉滴注：成人，100 万～150 万 U/日，2～3 次/日；儿童，每日 1.5 万～2 万 U/kg，2～3 次/日。口服：成人，100 万～200 万 U/次，3～4 次/日；儿童，每日 10 万～20 万 U，4 次/日。

（4）四环素类

四环素　Tetracycline

【药理作用】 本品为广谱抑菌剂，高浓度时具杀菌作用。除了常见的革兰阳性菌、革兰阴性菌以及厌氧菌外，多数立克次体属、支原体属、衣原体属、非典型分枝杆菌属、螺旋体对本品敏感。本品对革兰阳性菌作用优于革兰阴性菌，但肠球菌属对其耐药。其他如放线菌属、炭疽杆菌、单核细胞增多性利斯特菌、梭状芽孢杆菌、诺卡菌属等对本品敏感。本品对淋病奈瑟菌具有一定抗菌活性，但耐青霉素的淋球菌对四环素也耐药。本品对弧菌、布鲁菌属、弯曲杆菌、耶尔森菌等革兰阴性菌抗菌作用良好，对铜绿假单胞菌无抗菌活性。

【适应证】 首选用于治疗衣原体感染、立克次体病、支原体肺炎、回归热等非细菌性感染，也用于布鲁菌病、霍乱、兔热病、鼠咬热、炭疽、破伤风、鼠疫、放线菌病、气性坏疽和敏感细菌引起的呼吸系统、胆管、尿路感染及皮肤软组织感染等的治疗。

【用法用量】 口服。成人 1～2 g/日，4 次/日。儿童（8 岁以上）每日25～50 mg/kg，4 次/日。静脉滴注：成人 1～1.5 g/日，2 次/日；儿童每日15～30 mg/kg，2 次/日。

（5）氯霉素类

氯霉素　Chloramphenicol

【别名】　氯胺苯醇、左霉素、氯丝霉素、左旋霉素。

【药理作用】　本品主要抗菌谱包括肺炎链球菌、化脓性链球菌、绿色链球菌、淋球菌、脑膜炎球菌、流感嗜血杆菌、布氏杆菌、败血出血巴斯德杆菌、白喉杆菌、支原体、衣原体、立克次体、螺旋体和一些厌氧菌。其中肺炎链球菌、脑膜炎球菌、流感嗜血杆菌较易发生耐药。金黄色葡萄球菌部分敏感。肠杆菌科的一些菌，如沙门菌、大肠杆菌、肺炎克雷白杆菌、奇异变形杆菌等大部分菌株对本品敏感。但耐药菌日见增多。沙雷菌、普鲁威登菌、吲哚阳性变形杆菌、铜绿假单胞菌的多数菌株对本品耐药。

【适应证】

1）细菌性脑膜炎和脑脓肿：氯霉素可用于氨苄西林耐药流感嗜血杆菌、脑膜炎球菌及肺炎链球菌所致的脑膜炎。青霉素与氯霉素合用可用于需氧菌与厌氧菌混合感染引起的耳源性脑脓肿。

2）伤寒：成人伤寒沙门菌感染的治疗以氟喹诺酮类为首选，氯霉素仍可用于敏感伤寒沙门菌所致伤寒的治疗。

【用法用量】　口服。成人 0.5 g，每 6 小时一次，治疗伤寒可用较大首剂量，病人体温正常后应继续应用 2～3 天，以防止复发，最高剂量不超过 26 g。儿童每日每千克体重 25～50 mg，分剂量每 6 小时一次。肌内注射或静脉滴注。1 日量 0.5～1 g，分 2 次注射。以液体稀释，1 支氯霉素（250 mg）至少用稀释液 100 mL。滴眼。每次 1～2 滴，每日 3～5 次。滴耳。每次 2～3 滴，每日 3 次。

（6）大环内酯类

红霉素　Erythromycin

【别名】艾狄密新、红丝菌素、威霉素、福爱力、新红康。

【药理作用】　本品为大环内酯类抗生素，抗菌谱和青霉素相似，主要是对革兰阳性菌，如金黄色葡萄球菌、溶血性链球菌、肺炎球菌、白喉杆菌、炭疽杆菌及梭状芽孢杆菌等，均有强大抗菌作用。对革兰阴性菌如脑膜炎双球菌、淋球菌、百日咳杆菌、流感杆菌、布氏杆菌、部分痢疾杆菌及大肠埃希菌等有一定作用。

【适应证】　临床上主要用于耐青霉素的金黄色葡萄球菌感染及对青霉素过敏的金黄色葡萄球菌感染。亦用于溶血性链球菌及肺炎球菌所致的呼吸道、军团菌肺炎、支原体肺炎、皮肤软组织等感染，此外，对白喉病患者，以本品及白喉抗毒素联用则疗效显著。

【用法用量】　口服，成人 1～2 g/日；儿童每日 30～50 mg/kg，分 3～4 次。静脉注射或静脉滴注可用乳糖酸红霉素，成人 1～2 g/日；儿童每日 20～30 mg/kg，分 2～3 次。

乙酰螺旋霉素　Acetylspiramycin

【别名】　乙酰螺旋霉素、醋酸螺旋霉素、螺旋霉素。

【药理作用】　抗菌谱似红霉素而较弱，对青霉素、链霉素、氯霉素、四环素有耐药性的革兰阳性球菌（如金黄色葡萄球菌、链球菌、肺炎球菌）和革兰阴性球菌（如脑膜炎球菌、淋球菌）等抗菌作用强。对立克次体、螺旋体、军团菌、百日咳杆菌亦有较好作用。与其他抗生素无交叉耐药性。

【适应证】 适用于对葡萄球菌、化脓性链球菌、肺炎链球菌、脑膜炎球菌、淋球菌、白喉杆菌、支原体、梅毒螺旋体等敏感菌所致的扁桃体炎、支气管炎、肺炎、咽炎、中耳炎、皮肤和软组织感染、乳腺炎、胆囊炎、猩红热、牙科和眼科感染等。

【用法用量】 口服：成人 1 次 0.2 g，1 日 4～6 次，重症 1 日可用至 1.6～2g。儿童 1 日量为每千克体重 30 mg，分次给予。

阿奇霉素 Azithromycin

【别名】 阿红霉素、阿奇红霉素、阿齐红霉素、阿齐霉素。

【药理作用】 阿奇霉素对临床上多种常见致病菌有抗菌作用，包括革兰阳性需氧菌：金黄色葡萄球菌、酿脓链球菌（A 组 β 溶血性链球菌）、肺炎（链）球菌、β 溶血性链球菌（草绿色链球菌）和其他链球菌、白喉（棒状）杆菌。

【适应证】

1）化脓性链球菌引起的急性咽炎、急性扁桃体炎。

2）敏感细菌引起的鼻窦炎、中耳炎、急性支气管炎、慢性支气管炎急性发作。

3）肺炎链球菌、流感嗜血杆菌以及肺炎支原体所致的肺炎。

4）沙眼衣原体及非多种耐药淋病奈瑟菌所致的尿道炎和宫颈炎。

5）敏感细菌引起的皮肤软组织感染。

【用法用量】 口服，在饭前 1 小时或饭后 2 小时服用。

1）成人用量。

①沙眼衣原体或敏感淋病奈瑟菌所致性传播疾病，仅需单次口服本品 1.0 g。

②对其他感染的治疗：第 1 日，0.5 g 顿服，第 2～5 日，一日 0.25 g 顿服；或一日 0.5 g 顿服，连服 3 日。

2）小儿用量。治疗中耳炎、肺炎，第 1 日，按体重 10 mg/kg 顿服（一日最大量不超过 0.5 g），第 2～5 日，每日按体重 5 mg/kg 顿服（一日最大量不超过 0.25 g）。

（7）其他抗生素类

克林霉素 Clindamycin

【别名】 林大霉素、氯洁霉素、氯林可霉素、氯林肯霉素、氯林霉素、特丽仙（辉瑞）。

【药理作用】 本品为大环内酯类抗生素，对革兰阳性菌（如金黄色葡萄球菌、链球菌、肺炎球菌等）有抑制作用，对部分革兰阴性菌（如流感嗜血杆菌、百日咳杆菌、淋病奈瑟菌、嗜肺军团菌）和部分厌氧菌（如脆弱拟杆菌、消化链球菌、痤疮丙酸杆菌等）也有抑制作用，此外对支原体也有抑制作用。

【适应证】　适用于克拉霉素敏感菌所引起的下列感染：

1）鼻咽感染：扁桃体炎、咽炎、鼻窦炎。

2）下呼吸道感染：急性支气管炎、慢性支气管炎急性发作和肺炎。

3）皮肤软组织感染：脓疱病、丹毒、毛囊炎、疖和伤口感染。

4）急性中耳炎、肺炎支原体肺炎、沙眼衣原体引起的尿道炎及宫颈炎等。

5）也用于军团菌感染，或与其他药物联合用于鸟分枝杆菌感染、幽门螺杆菌感染的治疗。

【用法用量】

1）成人。口服，常用量一次 250 mg，每 12 小时 1 次；重症感染者一次 500 mg，每 12 小时 1 次。根据感染的严重程度应连续服用 6～14 日。

2）儿童。口服，6 个月以上的儿童按体重一次 7.5 mg/kg，每 12 小时 1 次。根据感染的严重程度应连续服用 5～10 日。

万古霉素　Vancomycin

【别名】　凡可霉素、盐酸万古霉素。

【药理作用】　本品对葡萄球菌属包括金黄色葡萄球菌和凝固酶阴性葡萄球菌中甲氧西林敏感及耐药株、各种链球菌、肺炎链球菌及肠球菌属等多数革兰阳性菌均有良好抗菌作用。

【适应证】　本品静脉滴注适用于葡萄球菌属（包括甲氧西林耐药菌株对本品敏感者）所致心内膜炎、骨髓炎、肺炎、败血症或软组织感染等。青霉素过敏者不能采用青霉素类或头孢菌素类，或经上述抗生素治疗无效的严重葡萄球菌感染患者，可选用万古霉素。本品也用于对青霉素过敏者的肠球菌心内膜炎、棒状杆菌属（类白喉杆菌属）心内膜炎的治疗。

【用法用量】　临用前加注射用水适量使溶解静脉缓慢滴注：成人每日 0.8～1.6 g（80 万～160 万单位），分 2～3 次静滴，小儿每日按体重 16～24 mg/kg（1.6 万～2.4 万单位/kg），分 2 次静滴。

九、皮肤病用药

维 A 酸　Tretinoin

【别名】　维甲酸、维生素 A 酸、维生素甲酸、全反式维 A 酸。

【药理作用】　本品是维生素 A 在体内代谢的中间产物，具有维持皮肤、上呼吸道及泌尿生殖道正常上皮结构的作用。局部应用对皮肤穿透力强，能防止皮肤角化、促进上皮细胞代谢以及治疗痤疮等。

【适应证】　临床主要用于治疗寻常痤疮、扁平苔、黏膜白斑、多发性寻常癣、毛发红糠疹、毛囊角化病、牛皮癣、皮肤基底细胞癌、恶性上皮癌、皮肤角化异常等。用于治疗痤疮，起初数周可暂加剧，仍应继续治疗 6 周以上才能达到最大疗效。

【用法用量】　口服。每次 10 mg，1 日 2～3 次。外用 0.025%冷霜或软膏治疗痤疮、面部单纯糠疹，0.1%冷霜或软膏治疗扁平苔癣、毛发红糠疹、白斑等其他皮肤病，每日涂药 2 次，或遵医嘱。

克霉唑　Clotrimazole

【别名】　抗真菌Ⅰ号、克罗确松、氨曲马唑。

【药理作用】　克霉唑属吡咯类广谱抗真菌药。对红色毛癣菌、石膏样毛癣菌、新型隐球菌、曲菌、藻菌、白假丝酵母等，均有显著抑制作用。克霉唑的作用机制主要为高度选择性干扰真菌的细胞色素 P－450 的活性，从而抑制真菌细胞膜上麦角固醇的生物合成。尿素可溶解角蛋白，增加蛋白质的水合作用，兼有止痒、抗菌等作用，并能增加药物经皮肤的穿透性。

【适应证】　本品适用于治疗白假丝酵母所致的皮肤假丝酵母病；红色毛癣菌、须癣毛癣菌、絮状表皮癣菌和犬小孢子菌所致的足癣、股癣和体癣，糠秕马拉色菌所致的花斑癣，亦可用以治疗甲沟炎、须癣和头癣。

【用法用量】　外用，取适量均匀涂抹于患处。一日 2～3 次。

单元 2

甲氧沙林　Methoxsalen

【别名】　8-甲氧基补骨脂素、补骨脂、甲氧补骨脂素、敏白灵、肤乐仙。

【药理作用】　本品具有强烈的光敏活性，易被长效紫外线激活而产生光毒作用，能使皮肤 DNA 合成及细胞分裂受到抑制。能在白斑部位集结紫外线，加速黑色素的生成。

【适应证】　作用与补骨脂同，适用于治疗牛皮癣，疗效优于补骨脂素。也可用于治疗白癜风及其他色素减退斑症。

【用法用量】

（1）治牛皮癣。

1）加黑光照射法：方法同补骨脂素，1 次服用量为 30～50 mg。

2）加紫外线照射法：饭后服 20～50 mg，1 小时后矿泉水全身浸浴 20～30 分钟，2 小时后长波紫外线照射，照射量从最小红斑量开始逐渐增加。外用者于照射前，距正常皮肤 0.5 cm 处的皮损范围内涂本品的 0.5%酊剂。按此法每日治疗 1 次（星期日休息），持续至皮损消失后逐渐减少治疗次数，直至每周或每月 1 次，长期巩固治疗。

（2）治白癜风。0.1%溶液（白癜风溶液）涂搽。

1）白癜风：每次 2 mL，肌内注射，1 次/日，可连用数月。注射一小时后到室外，使患处晒太阳 10～30 分钟，或用紫外线灯照射，灯距 50 cm，从 1～2 分钟开始，每次或隔日增加 1 分钟，增加至每次 10～15 分钟。口服：10 mg/次，3 次/日，餐时服用，可同时外搽药水，1 小时后照紫外线或晒太阳。

2）银屑病：口服。30～50 mg/次，2 小时后照紫外线或晒太阳 15～30 分钟，紫外线照射距离为 7～17 cm，同时外搽本品 0.1%～0.5%的二甲亚砜乙醇溶液，1 天后按上述方法照射。

阿昔洛韦　Aciclovir

【别名】　开链鸟嘌呤核苷、开糖环鸟苷、舒维疗、无环鸟嘌呤、无环鸟嘌呤核甘、无环鸟苷、永信克疱、甘泰、建适疗、9-（2-羟乙氧甲基）鸟嘌呤。

【药理作用】　抗病毒药。体外对单纯性疱疹病毒，水痘带状疱疹病毒，巨细胞病毒等具抑制作用。

【适应证】

（1）单纯疱疹病毒感染。用于免疫缺陷者初发和复发性黏膜皮肤感染的治疗以及反复发作病例的预防；也用于单纯疱疹性脑炎治疗。

（2）带状疱疹。用于免疫缺陷者严重带状疱疹病人或免疫功能正常者弥散型带状疱疹的治疗。

（3）免疫缺陷者水痘的治疗。

【用法用量】

（1）重症生殖器疱疹的初治。按体重每 8 小时 5 mg/kg，共 5 日。

（2）免疫缺陷者皮肤黏膜单纯疱疹或严重带状疱疹。按体重每 8 小时5～10 mg/kg，静脉滴注 1 小时以上，共 7～10 日。

（3）单纯疱疹性脑炎。按体重每 8 小时 10 mg/kg，共 10 日。

（4）成人急性或慢性肾功能不全者不宜用本品静脉滴注，因滴速过快时可引起肾功能衰竭。

（5）成人每日最高剂量按体重 30 mg/kg，或按体面积 1.5 g/m^2。

莫匹罗星　Mupirocin

【别名】　百多邦（葛兰素一史克）、假单胞菌酸。

【药理作用】　本品为局部外用涂于患处抗生素，治疗革兰阳性球菌尤其葡萄球菌和链球菌皮肤感染，对耐药金黄色葡萄球菌也有效。对某些阴性菌有一定作用。

【适应证】　用于脓痤疮、疖病、毛囊炎等原发性皮肤感染，及湿疹合并感染、溃疡合并感染、创伤合并感染等继发性感染。

【用法用量】　外涂。每日 3 次，5 日内为一疗程。必要时，可重复一疗程，患处可用敷料包扎或覆盖。

曲安奈德　Triamcinolone Acetonide

【别名】　曲安奈得、曲安缩松、去炎舒松（百时美施贵宝）、去炎松 A、曲安西龙、康宁克通 A、康纳可、确炎舒松。

【药理作用】　本品作用与氢化可的松相似，抗炎强度为氢化可的松的 5～20 倍，且抗炎作用和抗过敏作用强较持久。水钠潴留作用较强。

【适应证】　外用于过敏性皮炎、神经性皮炎、脂溢性皮炎、瘙痒症。眼科用于虹膜睫状体炎，角膜炎、上巩膜炎、结膜炎等。

【用法用量】　注射剂，每次 0.3～1.0 mL，与局麻药混合后皮损内注射，每 1～3 周一次。外用，应用软膏，乳膏剂涂敷患处，一日 1～3 次。滴眼，一日 2～3 次。

特比萘芬　Terbinafine

【别名】　疗酶舒。

【药理作用】　本品是一种合成的广谱抗真菌药，对皮肤癣菌（毛癣菌属、小孢子菌属、絮状表皮癣菌）、酵母［新生隐球菌、糠秕孢子菌属、假丝酵母属（包括白假丝酵母、光滑假丝酵母和克柔假丝酵母）］、曲霉菌属、组织胞浆菌属、巴西副球孢子菌、申克孢子丝菌、着色真菌属、枝孢霉属、皮炎芽生菌以及各种其他的酵母和真菌感染有效。

【适应证】　用于甲癣、脚癣、手癣、体癣、噬鱼蛇类形脚、红甲癣等。

【用法用量】　口服。

（1）甲癣。每次 125 mg，每日 2 次，共 12 个月或夜间服 250 mg，6 个月。

（2）脚、手癣，每次 25 mg，每日 2 次，共 18 周。

（3）体癣，局部外用 1%霜剂，每日 4 次，共 3 周。

（4）白假丝酵母治疗。正常口服 3 周后外用 1%霜剂，每日 4 次，共 1 周。

第三节　药物的合理使用

培训目标

- 掌握合理用药的原则及特殊人群用药的注意事项
- 熟悉抗菌药应用的适应证及注意事项
- 了解滥用药物的危害

一、合理用药

合理用药是指以当代药物和疾病的系统知识和理论为基础，安全、有效、经济、适当地使用药物。不仅要求选药对症，联合用药适当，用药剂量、疗程适宜，给药时间、间隔、途径适当；还要避免用药过多或重复给药、给病人安慰性或保险性用药以及无必要地使用价格昂贵的药品等。

1．药物选择原则

药物选择的基本准则是，保障用药的安全性、有效性、经济性、适当性，维护身体健康。

（1）安全性。安全性是合理用药的首要条件，直接体现了药学技术人员对病人和公众切身利益的保护，安全性不是药物的毒副作用最小或者无不良反应这类绝对的概念，而是强调让用药者承受最小的治疗风险从而获得最大的治疗效果，风险/效益尽可能小。

（2）有效性。人们使用药物，就是想通过药物的作用达到预定的治疗目的。医学目的用药要求的有效性在程度上也有很大的差别，如根除致病原，治愈疾病，延缓疾病进程，缓解临床症状，预防疾病发生，避免某种不良反应的发生，调节人的生理功能等。非医学目的用药要求的有效性，如避孕、减肥、美容、强壮肌肉等。有效性的程度受到现阶段药疗和药物发展水平的限制。

（3）经济性。经济性并不是指尽量少用药或使用廉价药品，其正确含义应当是获得单位用药效果所投入的成本（成本/效果）应尽可能低，获得最满意的治疗效果。经济地使用药物，强调尽可能低的治疗成本取得较高的治疗效果，合理用药，减轻病人及社会的经济负担。

（4）适当性。适当性是指选适当的药物、适当的剂型，以适当的剂量，在适当的时间，经过适当的途径，给适当的病人，使用适当的疗程，达到适当的治疗目标。

1）适当的药物。根据疾病与患者机体条件，权衡多种因素的利弊，选择最为适当的药物满足治疗的需要。需要多种药物联合使用的情况，还必须注意适当的合并用药。

2）适当的剂型。综合考虑药物性质的要求，治疗目的与给药途径的要求，以及应用、携带、保管方便的要求，选择适当的剂型。

3）适当的剂量。强调因人而异的个体化给药的原则，指以药品说明书或医药书籍推荐的给药剂量为基础，按照病人的年龄、体重或体表面积，以及病情轻重，确定适宜的用药剂量。

4）适当的时间。依据药物在体内作用的规律，设计给药的时间和间隔，以确保血药浓度的坪值上限不高于出现毒性的浓度水平，下限不低于有效浓度水平。

5）适当的途径。综合考虑用药的目的、药物性质、病人身体状况以及安全、经济、简便等因素，选择适当的给药途径。

6）适当的病人。充分考虑用药对象的生理状况和疾病情况，遵循对症用药的原则，区别对待。对于不需要药物治疗或者可以采用其他更经济的替代疗法的病人，则应当避免安慰用药或保险用药。对老人、儿童、妊娠期和哺乳期妇女、肝肾功能不良者、过敏体质者和遗传缺陷者等特殊的病人强调其用药禁忌。即使一般病人，对同一药物的反应也存在很大的个体差异，不宜按一种药物治疗方案实施。

7）适当的疗程。按照治疗学原则，确定药物治疗的周期。单纯为增加治疗保险系数而延长给药时间不仅浪费，而且容易产生蓄积中毒、细菌耐药性、药物依耐性等不良反应。仅仅为了节省药费开支，症状一得到控制就停药，往往不能彻底治愈疾病，反而

单元 2

为疾病复发和耗费更多的医药资源留下隐患。

8）适当的治疗目标。病人受到病痛困扰，往往希望药到病除，彻底根治疾病，或者不切实际地要求使用没有毒副作用的药物。药物治疗的目标受到现阶段药疗和药物发展水平的限制，需要在实施者和接受者之间达成共识。药物治疗对有些疾病能够治愈，有的则只能起到减轻或者延缓病情发展的作用。因此，双方都应采取积极、客观和科学的态度，确定双方都可以接受的、现实条件下可以达到的治疗目标。

2. 合理用药准则

（1）按时给药。要根据病情的轻重缓急，确定适宜的给药时间，充分发挥药物的疗效，减少不良反应。如驱虫药、盐类泻药——空腹（清晨）；泻药、催眠药、驱虫药——睡前（一般指睡前15～30分钟）；苦味药、收敛药、胃壁保护药、吸附药、抗酸药、胃肠解痉药、利胆药、肠道抗感染病药、肠用丸剂、驱虫药（甲紫）——饭前（食前30～60分钟）；助消化药——饭时；刺激性药物、驱虫药、灰黄霉素——饭后（食后15～30分钟）。

（2）按"法"给药。要使药物适时发挥最佳药效，给药方法是不容忽视的。常用给药方法简介如下：

1）丸剂、冲剂等。用水或药引送服给药。

2）片剂、胶囊剂。送药水量不少于100 mL，咽药后保持站立最少1分半钟。肠溶片剂必须整粒吞服，不得压碎。

3）液体药剂。宜摇匀后服。止咳、润喉的药液服后不必用水送服，使其在咽喉、食管沾一薄层效果更好。

4）散剂。内服散剂，直接倒入口中用水送服容易呛人气管，量少可用水或药引送服。散剂量大或者应用于小儿和不能吞咽的病人，一般宜用糖水、乳汁或温开水调成糊状后服用。耳内、咽喉或牙龈患处散剂，用纸卷成直径约2～3 mm的小管，一端挑少许药粉，从另一端把药吹入。外用散剂可撒一薄层或用适当的液体（如水、白酒、黄酒、醋、香油等）调成糊状，于患处敷一厚层，再用纱布包扎。眼用散剂可用所附圆头小玻璃棒先蘸凉开水蘸取散剂后点入眼大眦角处，如眼睑有赤烂溃疡者，宜用生理盐水或温热水将脓痂洗净后再用药。

5）含化丸（片）。将药含于口腔中，使其缓缓溶解，再慢慢地咽下。

6）外用膏剂。黑膏药微热烘软后贴患处。巴布膏剂、橡胶膏剂直接贴患处或规定部位。

7）栓剂。肛门栓，病人左侧卧位，张口呼吸，松弛括约肌，给药者戴指套（成人食指，婴儿第4指），将栓剂轻轻推入约2 cm深处，病人维持体位约20分钟方可起床。阴道栓，病人仰卧，用食指或器械将栓剂送至阴道治疗部位，平卧至少20分钟，亦可临睡前放入。

8）滴耳剂。药液宜先加温至与体温相近，患耳清洗后朝上，成人患者外耳拉向后上方（3 岁以下小儿拉向后下方），滴药液于外耳道，维持体位数分钟后，轻塞纱布或棉花于耳道，以保持鼓室湿润。当填塞物不能再吸收药液，或已污染时，要及时更换。

9）眼用制剂。眼膏剂，掰开下眼睑，挤一小条眼膏于玻璃棒上或者直接挤在下眼睑内，药膏涂入后可轻轻按摩 2～3 分钟以增加疗效，眼膏宜晚上临睡前用，使患处与药膏有较长的接触时间。滴眼剂，病人平卧或坐位时头后仰，先清洁眼睑、睫毛，滴管靠近眼球（但不能触及眼睑、睫毛），滴入眼睑内 1～2 滴，闭眼 1～2 分钟，并转动眼球使药液分布均匀。

3. 特殊人群用药

（1）老年人用药。老年人因用药不当而引起不良反应的发生率为 15%～20%，且药物反应比较严重，常见精神错乱、抑郁和痴呆、体位性低血压、耳毒性、尿潴留等。因此老年人用药应特别慎重。

1）用药要有明确的指证，在充分了解药性和适应证的基础上，结合病人病史及现用药情况，选择适当的药物。

2）尽可能减少用药种类，可用可不用的药物以不用为好。同时合用的药物以不超过 3～4 种为宜。

3）不可滥用滋补药或抗衰老药。中药和西药不能随意合用。

4）选用适合老年人服用方便的药物剂型，一般液体剂型较为适宜。

5）药物的名称、标记（剂量与服法）应简明醒目，并应将用药注意事项向患者或其家人交代清楚。病情好转后，要及时停药。

（2）小儿用药。小儿安全用药目前越来越多地受到注意和重视，小儿用药尤应注意以下几个问题。

1）熟悉小儿特点，合理选择药物，应根据小儿不同发育时期的生理特点、药物特性合理用药，才能取得良好的疗效。特别要克服滥用药物的现象。

2）严格掌握剂量，药物使用剂量应随小儿成熟程度、体质强弱及病情不同而不同。

3）根据小儿的特点，选好给药途径。一般来说，应尽量采用口服给药。另外，还要注意婴幼儿皮肤角化层薄，药物很易透皮吸收，甚至中毒。因此外用药的用药时间不要太长。

4）小儿禁用或慎用的化学药物。如阿司匹林、吲哚美辛、氯霉素、四环素、卡那霉素、新霉素、链霉素、氯丙嗪、奋乃静、苯巴比妥、水合氯醛、地西泮、利血平、二巯基丙醇、苯甲酸钠咖啡因、山梗菜碱、毛花苷丙、地高辛、甲磺丁脲、呋塞米等。

（3）妊娠期和哺乳期妇女用药。有些药物可通过胎盘屏障进入胎儿体内，对胎儿发育产生不良影响。有些药物能从母亲的乳汁中排泄，影响婴儿的生长发育，也有可能引起中毒。因此妊娠期和哺乳期妇女用药应考虑药物对胎儿或乳儿的影响。

1）妊娠期用药。

①了解不同妊娠时期药物对胎儿的影响，在妊娠头 3 个月应尽量避免服用药物，尤其是已确定或怀疑有致畸作用的药物。要谨慎使用可引起子宫收缩的药物，不要滥用抗菌药。

②如果确需药物治疗，应选用疗效确切，已知对胎儿比较安全的药物，在医师和执业药师的指导下慎重使用。

③合理使用药物　避免大剂量、长时间对胎儿造成有害影响。多数药物在常规剂量下对胎儿无害，但大剂量则有可能对胎儿产生有害影响。优先选用多年广泛用于孕妇的药物。适当补充铁、钙、叶酸盐、维生素 B_1 和维生素 B_2，保证胎儿生长的需要和维持母体良好的营养状况。

2）哺乳期用药。一般药物进入乳汁，其含量很少超过母亲摄入量的 1%～2%，不至于给哺乳儿带来危害。然而少数药物在乳汁中的排泄量较大，常规剂量也会对哺乳婴儿产生危害，避免滥用。哺乳期禁止使用的药物有抗甲状腺素药、抗菌药、镇静催眠药、甲氨蝶呤、锂盐等。

（4）肝病患者用药。肝脏是人体内进行解毒及药物转化的器官，最容易遭受药物或毒物侵袭而损害其结构和功能。在应用可能损害肝脏的药物时，应予以足够的重视，以防止药源性肝损害的发生。

1）首先是预防为主。在用药过程中，要注意密切观察病情变化和药物治疗反应。凡对肝病患者禁用或慎用的药物应尽量予以注意，切记不可滥用。

2）使用药物必须谨慎，不可无休止地长期使用，剂量亦不宜过大。

3）不可同时用多种药物，凡饮食基本正常、肝脏无显著压痛、无质地改变、肝功能无明显损害的肝病患者，可以不必用药。

（5）肾功能不全患者用药。肾功能不全患者可使药物的排泄减慢、半衰期延长，增加药物的毒性。对肾功能不全患者进行药物治疗时，应注意剂量和品种的选择，并应注意避免同时使用对肾脏有毒性的药物。

1）药物对肾脏的损害因素很多，在实际应用中可按药物的有效成分，由肾脏排出的百分率来估计药物的肾毒性。

2）对肾功能不全的病例，应该按其功能损害之轻重减小药物的剂量。

3）对于肾功能衰竭患者注意抗生素药物的应用。

二、滥用药物的危害

销售人员向顾客推销非处方药治疗疾病，既要考虑到治疗效果，又要注意药物对人体的危害，及用药的安全，大多数药物都或多或少地有一些毒副作用，特别是在长期使用或用量较大时，很容易出现毒副反应。药物切记不能滥用，了解药物滥用的危害是一项十分重要的事情，下面就几类常用药物的滥用危害加以详述。

1. 抗生素的滥用

抗生素的滥用现象，目前仍比较普遍而严重。滥用抗生素会引起过敏反应、其他不良反应、耐药性等一系列问题。对于一般伤风感冒，有人也用抗生素治疗，这不仅是一种浪费，而且可能引起不良反应，促使细菌产生耐药性，增加合并症，延长病程。滥用耳毒性抗生素，如卡那霉素、新霉素、万古霉素、妥布霉素、链霉素等，对耳蜗神经可造成损害，产生听力减退甚至耳聋，老人及小儿尤易发生，必须警惕。大量或长期使用广谱抗生素，由于体内各处敏感细菌被抑制而未被抑制的细菌及真菌即乘机繁殖，因而可形成二重感染，其中尤以白色念珠菌感染为多见。同时，长期应用抗生素，必然抑制肠内有助消化的非病原性菌如双歧杆菌的繁殖，从而导致消化不良、腹泻等症状。总之，抗生素的广泛滥用，必须引起警惕并设法加以制止。

2. 解热镇痛药的滥用

由于解热镇痛药中多数是非处方药，人们可以不经过医生处方而直接从药店买来应用，因此滥用现象比较普遍。据统计，目前国内解热镇痛药中销售量最大的是解热镇痛片（即 APC 片，含非那西丁、阿司匹林和咖啡因）与去痛片。这类药物如果滥用，必然会造成药源性疾病，有时还形成对药物的依赖性。长期服用含非那西丁的制剂，可引起肾乳头坏死、间质性肾炎等，甚至可能诱发肾盂癌和膀胱癌。非那西丁还易使血红蛋白形成高铁血红蛋白，使血液携氧能力下降，引起紫绀反应。此外，非那西丁还可引起溶血性贫血，并对视网膜有一定毒性。长期服用非那西丁，还可造成对药物的依赖性。氨基比林和安乃近同属吡唑酮类药物，对造血系统有不良影响。氨基比林在少数过敏病人可引起粒细胞缺乏症，有致命危险。氨基比林在胃酸条件下，与食物发生作用，可形成致癌性亚硝基化合物，特别是亚硝胺。

3. 中药的滥用

人们认为使用中药比西药安全。这实际上是错误的。中药相对地说比西药的毒副作用要小些，但中药内也有剧毒药，如服用不当，一样会引起不良反应。关于因使用中药而中毒致死的报告时有发生，这些中药包括，巴豆、苍耳子、六神丸、雷公藤、甜瓜蒂、木通、牵牛、苦楝子等。云南白药是一种很有名的中成药，治疗内外出血和血瘀肿痛有很好疗效，成人一次剂量为 0.2～0.3 g。如果一次内服量超过 0.5 g，就可能引起头晕、恶心呕吐、面色苍白、四肢厥冷，甚至形成肾功能衰竭。六神丸、六应丸、梅花点舌丹等中成药常用于治疗咽喉肿痛、扁桃体炎等，有较好疗效，但因内含蟾酥，具有一定毒性，若服用过多，可出现头晕、胸闷、心悸、气短、恶心呕吐、腹痛腹泻、口周及四肢麻木、大汗淋漓等中毒症状。有的中成药（如牛黄解毒丸）还可引起过敏，应加以警惕。

4. 补药的滥用

补药是一般人对维生素及其他营养药、补血药或某些中药补益药（如人参）的俗称。人体对于这些药物的需要大都有一定限度。例如，维生素，每日需要量并不大，一般从日常膳食中即可得到充分供应，只有需要维生素用量较大的儿童、孕、乳妇或吸收功能发生障碍的病人，才需要适当地补充维生素。即使是这些人也不可随便补充维生素，而是应该缺什么补什么，适当掌握其用量。以维生素 A 为例，小儿一次用量超过 30 万单位（约为浓缩鱼肝油 6 g），成人超过 50 万单位，就可能引起急性维生素 A 中毒，症状为头痛、恶心、呕吐、烦躁、嗜睡、前囟隆起，还可能有眼球震颤、复视、视神经乳头水肿等症状。若小儿每日服 5 万～10 万单位以上，连续服药超过 6 个月，或不满半岁的婴儿每日服 1.85 万单位，连用 3 个月，都可引起慢性维生素 A 中毒，主要表现为，四肢疼痛、肢体深部硬且有触痛，颞部及枕部可有肿块突起（不满半岁的婴儿常出现颅骨软化），皮肤瘙痒，脱屑，毛发干脆易脱落，口唇皲裂，食欲减退，偶有牙龈出血及鼻衄。滥用维生素 D，同样也可以引起中毒。若小儿每日服 2 万单位，连用几周或几周或几个月之后，可导致高钙血症、异位性钙化和纤维性骨炎。

至于中药补益药，人们往往认为“有益无损”，“多服一点无妨”。其实，即使像人参这样以药性平和著称的中药，也不能滥用。人参虽可益气健脾，但如长期过量应用，亦可引起脘腹胀满、食欲减退等症状。

5. 激素的滥用

激素药物由于具有抗炎、抗毒、抗过敏及抗休克等多种作用，从而被临床广泛应用。然而，激素药物又有诸多的不良反应，故不可滥用，有的疾病甚至忌用激素药物。值得注意的是，许多复方成药也含有激素成分，病人在使用前应十分小心。激素类药在人体内所引起的副作用主要有以下几个方面：

（1）心力衰竭。采用激素药物治疗而长期使用时会引起低血钾，导致血压高和浮肿，形成心肌收缩无力，增加心脏的负担。

（2）肾功能衰竭。长期应用激素药物，可通过反馈作用，抑制下丘脑—垂体—肾上腺系统，引起肾上腺素减少，而导致肾上腺皮质萎缩，功能减退。

（3）精神病。长期用激素药物治疗可使中枢神经兴奋，造成失眠、激动不安，易诱发精神病。

（4）青光眼。长期局部应用激素药物，可使前房角滤帘阻滞，影响房水循环，导致眼压升高。

（5）严重细菌和病毒感染。激素药物抑制机体免疫系统成网状，内皮系统的活性和抗体的形成。因此，可诱发和加重细菌和病毒的感染，如渗出性脓性皮疹，应用肤轻松的激素乳膏（软膏），可引起病灶扩散等。

（6）妊娠和产褥期。激素药物有致畸作用，孕妇禁用。产褥期应用激素药物会引起机体抵抗力下降，易发生感染。

（7）骨折及骨质疏松症。长期应用激素，可使蛋白质合成减少，成骨细胞活力下降，导致成骨障碍，从而影响骨折愈合，加重骨质疏松，大量应用激素可导致股骨头坏死。

（8）糖尿病。该病患者体内血糖和尿糖升高，而激素药物可引起尿糖升高，从而加重病情。

（9）活动性消化性溃疡。激素会增加胃酸分泌而引起恶心、反酸、腰痛，同时使蛋白质减少，组织修复能力降低，加重胃、十二指肠溃疡的病情。

（10）重症高血压。激素药物可引起体内水钠潴留，导致血压升高，加重患者负担，甚至有生命危险。

6. 特殊药物（麻醉性镇痛药、精神药物）的滥用

特殊药物滥用系指人们反复、大量地使用与医疗目的无关的具有依赖性潜力的药物，是一种悖于社会常规的非医疗用药。这类药物的欣快作用能使人产生一种松弛和愉快感，一旦产生依赖性（成瘾者），便会不可自制地、不断地追求药物，以感受药物产生的精神效应，同时避免一旦断药产生的“戒断症状”，进一步发展成为非用不可的强迫感受，陷入不能自控的上瘾境地，导致用药者发生精神混乱，并产生一些异常行为，其后果极其严重。

特殊药物滥用的严重危害，主要表现在个人、家庭和社会三方面，滥用者（吸毒者）健康水平下降，人格丧失，道德沦落，为满足个人解瘾，不惜花费大量金钱购用药品，造成家庭衰败，破裂，有的甚至为满足瘾癖造成犯罪，有的甚至被贩毒集团与恐怖主义势力利用，并影响国家的安全、社会的安定。

7. 药物联合应用上的滥用

药物的联合应用在某些情况下（如为了取得协同作用，抵消副作用，延续耐药性的产生等）是必要的。但药物种类繁多、性质各异，药物联用后往往并不是各起作用，互不影响，而是在药理或理化方面产生相互的作用，以致可能引起种种不良反应，严重时甚至导致死亡。联用的药物越多，产生不良反应的可能性越大。

综上情况可见，滥用药物的后果是极为严重的，必须尽力加以克服。

三、合理使用抗菌药

抗菌药是临床应用较广的药物，但滥用现象较为常见，不仅造成经济上的浪费，而且使不良反应与耐药菌不断增加。耐药菌株的增加日趋严重，常常是治疗失败的重要原因。除此之外，或选药不当，或剂量与疗程不足，或给药方法不妥，以及联合用药不恰当等不合理用药也都可能是抗感染治疗失败的原因。为此，非常必要提倡合理的用药。

1. 抗菌药的严格选择与正确的应用方法

应用抗菌药，都必须严格掌握适应证。凡属可用可不用的尽量不用。如一般病毒感染及病因不明的发热，不宜贸然应用抗菌药。除考虑抗菌药的抗菌作用外，还必须充分估计药物的不良反应和体内过程以及患者机体状态（包括机体防御功能和肝肾功能等）与药物治疗效果的关系。切忌盲目认为抗菌药产品是越新越好，抗菌范围越广越好。

选择恰当的抗菌药后还应根据病情的严重程度及患者机体状态等决定给药方案。剂量与给药频度要适当，疗程要足够。剂量过大或给药过频，可导致不良反应；剂量过小，或给药次数太少，不但无效，也易产生耐药性。各类感染性疾病的治疗皆应有一定的疗程，疗程过短易使疾病复发。也要注意给药的方法，有的药不宜静脉推注，有的药不宜肌内注射。

2. 抗菌药的预防应用

不合理的预防应用是抗菌药滥用的一个重要方面。预防性应用必须有明确的指征。为防止某种或某两种病原菌的感染，有针对性地选用某种抗菌药，常可得到预期的效果。如某些内、外科手术及新的操作技术应用抗菌药预防感染。但要注意，引起感染的微生物因手术部位不同或操作技术不同而将有所不同，故选择药物也要不同。与上述情况相反的是，泛泛地预防任何可能发生的感染而用抗菌药，不但不能获得预期效果，还可能引起耐药菌株发展或其他不良后果。

3. 抗菌药联合应用的注意事项

抗菌药联合用药的目的是为提高疗效、降低毒性、延缓或减少耐药性的产生。实际上，抗菌药相互作用的结果不一定都能达到此目的，不合理的联合用药不仅不增加疗效，反而可降低疗效，增加不良反应或徒然增加耐药性产生的机会。因此联合用药应予严格控制。下面是联合用药时应注意的问题。

（1）所联合应用的抗菌药各自均应有针对性，避免盲目组合。一般认为两种抗菌机制不同的杀菌剂联合应用可能出现增强作用，如目前普遍采用的青霉素、链霉素联合应用等。

（2）避免联合应用毒性相同的抗菌药。

（3）避免多种抗菌药的联合。一般联合应用两药即可，不宜超过三种抗菌药。

4. 抗菌药与其他种类药物的相互作用

感染性疾病常同时存在某些原有疾病或并发症状，需要在应用抗菌药时同时应用其他的药物。此时必须考虑这些药物与所选用抗菌药间的相互作用。

5. 肝肾功能与抗菌药应用的关系

大多数抗菌药主要从肾脏排泄消除，当肾功能不全时，容易发生蓄积中毒。尤其应注意对肾脏有毒的抗菌药，尽量避免使用。

某些药物主要经肝代谢，在肝功能不良时，对肝有损害的抗菌药应避免使用或慎用。其他主要经肝代谢的抗菌药，也应适当调整剂量或避免应用。

单元测试题

一、填空题（请将正确的答案填在横线空白处）

1. 国家对药品实行__________和__________分类管理制度。

2. 非处方药专有标识图案分为__________和__________两种，__________专有标识用于甲类非处方药药品，__________专有标识用于乙类非处方药药品和用作指南性标志。

3. 呼吸系统药物主要包括三类，即__________、__________、__________。

二、判断题（下列判断正确的请打"√"，错误的请打"×"）

1. 执业药师或药师必须对医师处方进行审核、签字后依据处方正确调配、销售药品，发现处方不当之处应该及时改正。（　　）

2. 药店如无药学技术人员，可暂由懂相关专业知识的优秀营业员代替。（　　）

3. 阿卡波糖适用于餐后血糖明显升高者。（　　）

4. 呋塞米是高效利尿剂，螺内酯是中效利尿剂。（　　）

三、单项选择题（下列每题的选项中，只有1个是正确的，请将其代号填在横线空白处）

1. 下列说法错误的是__________。

A. 处方药必须凭执业医师或执业助理医师处方销售、购买和使用

B. 处方药不得采用开架自选销售方式

C. 普通商业企业不得销售处方药和甲、乙类非处方药

D. 处方药、非处方药应当分柜摆放

E. 销售处方药和甲类非处方药的零售药店必须配备驻店执业药师或药师以上药学技术人员

2. 下列消化系统药物是H_2受体阻断药的是__________。

A. 雷尼替丁　　B. 奥美拉唑　　C. 硫糖铝

D. 多潘立酮　　E. 枸橼酸铋钾

3. 硝酸甘油最基本的作用是__________。

A. 降低心肌收缩力　　B. 缩短心脏射血时间　　C. 增加回心血量

D. 收缩血管平滑肌　　E. 直接降低心肌耗氧量

4. 有关非处方药的说明，不正确的是__________。

A. 根据药品安全性，非处方药分为甲、乙两类

B. 非处方药的包装必须印有国家规定的非处方药专有标志“OTC”

C. 一般商业企业（如大型超市）可零售甲类非处方药

D. 非处方药可以利用媒体进行宣传

E. 在药品零售网点数量不足、布局不合理的地区，普通商业企业可以销售乙类非处方药

四、简答题

1. 口服降血糖药分为哪几类？每一类各举一例并作简要介绍。

2. 药物选择的基本原则是什么？

单元测试题答案

一、填空题

1. 处方药　非处方药　　2. 红色　绿色　红色　绿色　　3. 平喘药　镇咳药　祛痰药

二、判断题

1. ×　　2. ×　　3. √　　4. ×

三、单项选择题

1. C　　2. A　　3. D　　4. C

四、简答题

答案略。

第3单元

药品销售

当越来越多的医药企业、越来越庞大的医药从业人员以越来越同质化的产品面对越来越专业的市场要求和越来越具挑战的销售目标时，“医药销售”的学习和训练将成为每一位医药销售人员的制胜法宝。医药销售企业只有加强自身商务队伍的建设及人员的素质、业务水平的提高，才能以更加强大完善的网络和过硬的管理迎接未来商业环境的竞争与挑战。本单元通过深入浅出地讲解销售准备、销售实施、售后管理、售后服务，使学习者能够掌握相关的知识和技能。

第一节 销售准备

培训目标
- 熟悉销售前环境准备、物资准备及人员准备的要求
- 能够做好销售前的准备工作

一、环境要求和环境准备

1. 环境要求

（1）环境应明亮、清洁、无污染物。

（2）具有陈列药品的货柜、货架。

（3）柜台及货架整齐合理，各柜台或展示货架的药品分类标志醒目。

（4）要有检测和调控室内温度和湿度的设备，如温湿度计和空调。

（5）对保存温度有不同要求的药品应设有符合药品特性要求的常温、阴凉和冷藏存放的设备，如冰箱或冷柜。

（6）具有药品处方调配、临方炮制和药品拆零销售的必要设备和包装用品，如：

1）调配西药应有药勺、乳钵、上皿天平、毒药天平、量杯、玻棒等。

2）调配中药应有调配台与预分装台、舂筒、乳钵、铁研船、药筛、托盘天平、包装纸、发药牌等。

2. 环境准备

（1）清洁空气，调节温湿度。禁止吸烟，保持店内空气清新，室温适中，温度应保持在 28℃以下，相对湿度应保持在 45%～75%。

（2）打扫场地，整理台面。天花板、墙壁及各类设备设施必须保持清洁、明亮，不得出现卫生死角，不得有破损。通道应保持通畅，不允许堆积任何物品。地面应保持清洁，无垃圾、无污渍、无积水。

（3）播放音乐，调节灯光。背景音乐要播放公司统一配发的乐曲，音量适中。应根据节假日选择播放符合时宜的音乐，灯光柔和，亮度适中。

（4）摆放桌椅，整理书刊。各类证照、公告应整齐悬挂在醒目位置，框架大小要一致。桌椅应摆放整齐，报纸、杂志叠放有致，便于索取、翻阅。

二、物资准备

1. 药品整理，补货陈列

药品要按剂型、用途分类陈列于货柜，做到内服药与外用药分开，处方药与非处方药分开，查看药品是否齐全，及时将缺货补齐，对于需要拆包、开箱的药品，要拆除包装，对于需要搭配成套的药品，要及时搭配好，及时捡出残损和变质的药品，使药品处于良好的待售状态。

2. 检查标签，熟悉价格

对本柜台药品的价格要牢记。销售人员只有准确地说出药品的价格时，顾客才会有信任感。标志、POP 广告、标牌、价签等分别与区域、货架、药品对应。

3. 查验售货工具

检查 POS 机是否正常，电话连线是否正常。零钞备用金准备充足，放置妥当。检查目前保险箱的营业收入是否已清点。胶袋、打印纸、会员卡、票据等准备充分。

三、人员准备

1. 保持整洁的仪表

容貌要保持整洁美观，着装要朴实大方，言谈举止要稳重高雅。

2. 保持旺盛的精力

在上班期间一定要有饱满的热情和充沛的精力，不能无精打采，萎靡不振，应始终保持一个乐观、向上、积极、愉快的心理状态。牢记千万不能因情绪反常而往顾客身上撒气。即使情绪低落，也要自己调整心态。

3. 养成自然大方的举止

言谈清晰，举止大方得体，态度热情稳重，动作干脆利落，给顾客亲切、愉快、轻松、舒适的感觉。

第二节 销售实施

培训目标

- 掌握药品销售的具体内容，能够准确地促成交易并收款送客
- 熟悉票据的种类和票据法的有关规定，能够填制、审核票据

一、药品销售

1. 接近顾客

接近顾客是销售真正的开始，只有做好这一步，之后的销售工作才可以顺利地进行。在销售开始时，虽然接近顾客的时机有很多，但是最佳的时机却并不多，因此应掌

握好接近顾客的最佳时机，以利于销售的顺利进行。在顾客购买心理的 8 个阶段——留意、兴趣、联想、欲望、比较、信任、决定和满足中，兴趣这一阶段才是接近顾客的最佳时机。一般来说，顾客在表现出对药品感兴趣时，通常会有一些具体的行为动作的暗示，以下是一些常见的顾客的这类暗示动作：

（1）匆匆入店，四处寻找某药品。一般来说，顾客匆匆进入店铺，四处寻找时，就表明顾客已经有了购买的目标，甚至已经看过一回药品了，购买心理表现得很明显。此时，销售人员应当立即迎上前去，询问顾客的需要，高效地帮助顾客找到所要的药品，尽快帮助顾客完成购买过程。这时动作一定要快，可以采用一些开门见山的问句提问，如“您好，您需要什么服务吗?”并请顾客将他寻找的药品的名称和要求（如数量、价格范围等）说出来，此时，绝不可因接待其他顾客而忽略了这些顾客。

（2）注视特定的药品。在对某药品产生“注意”和“兴趣”时，顾客一般都会仔细观察，此时顾客可能已经对这种药品做了种种“联想”，有时顾客也表现为关注其说明书。销售人员应该抓住类似的招呼顾客的最佳时机，尽快促成交易。

（3）触摸药品。顾客为了得到药品的“手感”，常会用手接触药品。这时表明顾客已经对此药品产生了兴趣，很可能正在考虑是否购买药品。销售人员此时可以用询问的方法接近顾客，如“您好，您的眼光真好，这种药品的疗效很不错，需要买一盒吗?”但应注意不宜在顾客刚接触药品的瞬间接近，这样会吓到顾客，应在顾客已经消除了防范心理时接近，并用温和的声音询问。

（4）寻找销售人员。顾客在购买时，通常专业知识都不足，都需要帮助和建议，这时就表现为四处寻找销售人员。销售人员一旦发现顾客是在寻求帮助时，要及时地接近顾客，并用微笑欢迎顾客的光临，即使在业务繁忙时，也要提前招呼顾客，不可对顾客视而不见。

（5）与同伴交谈。这时顾客可能已经对某种药品产生明显的兴趣，正在与同伴交换意见。此时，销售人员应主动上前，给顾客提供确切的说明和建议，促成交易的提前完行。

（6）放下手中药品。顾客放下手中药品通常表示已经有尝试购买的意愿了，此时，销售人员应自信地对顾客说：“欢迎光临，你准备购买这种药品吗?”同顾客注视某药品一样，这时，要待顾客放下手中药品一段时间后，再接近的效果比较好。

销售人员在掌握好接近顾客的最佳时机后，还应该遵守接待的原则，进一步促成销售的实现，正确的接待原则有以下几个方面：

（1）主动。在接待顾客时应视顾客如贵宾，主动接待，使顾客有宾至如归之感。接待时目光要亲切，要满面笑容，声音要明亮清晰，态度要恭敬，满怀热情地欢迎顾客的光临。对已站在面前的顾客不理不睬，或者旁若无人地自顾自说笑，置顾客于不顾是销售工作的大忌。

（2）照顾全局。要眼观六路，耳听八方，时刻做好接待顾客的思想准备。一般来说，在顾客明确表示购买意向之前，应该给顾客自由挑选的机会，一般不宜问“您要买点什么?”之类的问题。

（3）挖掘顾客需求。应该从顾客的眼神中捕捉顾客的需求，摸准顾客的购买意图，根据顾客的意向，主动出击，向顾客展示介绍药品时，有针对性地做好初步接待的工作。挖掘顾客需求还可以引起没有购买打算的顾客的购买欲望。在展示介绍药品时，要注意轻拿轻放、动作灵巧，禁止隔着很远距离就把药品往柜台上乱抛乱掷，这样既不尊重顾客，又容易损坏商品。

（4）微笑。在接待顾客过程中，要始终保持笑容。以微笑接待顾客，会令顾客备感亲切。生硬地板起脸面对顾客，是不礼貌的行为，容易让顾客望而生畏，顾客面对这种生硬面孔也不会选购任何商品。

（5）随机应变。在接待顾客时，有时可能会遇到特别的情况，如顾客在选购药品时表现得犹豫不决，还有少数人过分挑剔、无理取闹等。对于这些特殊情况，销售人员要随机应变，掌握适当的分寸，以优良的服务感染顾客，化解顾客的心理障碍。

（6）稳、准、快、美。在营业高峰期，要眼明手快，手脚麻利，尽力加快接待的速度，做到稳、准、快、美地进行服务操作，以缩短接待时间。顾客越多销售人员越要聚精会神地接待，适当地利用一些时间差，对缓解顾客的等候时间是很有效的。要做到接待一个，同时又向第二位答话，眼神还要同第三位打招呼，示意其稍等，使在场观看等候购买的顾客感受到亲切和对他们的尊重。

（7）做好参谋。在销售时，常会有一些由于缺少经验而犹豫不决的顾客，要持理解的态度，不能催促，要做好顾客的参谋，向顾客详细介绍药品的性能和特点，使顾客解除疑虑，帮助顾客挑选合适的药品，作出购买的决定。不要因为顾客挑选时间长而不礼貌地催促，这不仅会使顾客手忙脚乱，而且还有可能失去一次成交的机会。

（8）热情。顾客在购买药品时，常会提出各种各样的问题，希望多了解一些相关的医药知识，以便作出正确的购买决策。这时，销售人员要不厌其烦、热情地解答顾客提问，礼貌答对，禁止顶撞顾客，同时答复提问要轻柔具体。

2. 展示介绍

好的介绍不仅能反映出顾客对药品需求的方向，也能使顾客从介绍中体会该类药品的功能和价值，从而使顾客决定选择意向。因此，要遵循一定的介绍原则，掌握一些切实可行的介绍方法和技巧，使销售活动能顺利进行。

（1）介绍的原则。

1）语气诚恳。即介绍时不仅要介绍药品的优点，也要介绍其他的一些特殊性质。

2）随机应变。通过与顾客目光或表情的接触，观察顾客神态，随时调整自己的语态和介绍方向，吸引顾客的注意力。

3）抓住时机。要从选择顾客感兴趣的话题开始介绍药品，树立良好的第一印象，抓住介绍时机。

4）适时沉默。语言技巧是进行销售的重中之重，但介绍药品并不等于说得越多越好，超出顾客想要了解的范围，只会引起顾客的反感，导致销售失败。

（2）介绍的技巧和方法。

1）直接介绍。

①药品陈列或柜台展示，吸引顾客的注意。

②介绍两件以上的药品。由于顾客在购买时都喜欢横向和纵向的比较，在许多同类药品中挑选出一件最满意的。所以，销售人员应提供多种机会让顾客自由选择和比较。这样不仅可以满足顾客的需求，还能满足顾客独立购买的自主心理，增强购买的信心。

2）语言介绍。

①讲故事。通过故事来介绍药品，可以给顾客留下深刻的印象。故事内容可以是药品研发的细节、生产过程中对药品质量关注的一件事，也可以是药品带给顾客的满意度。一个精彩的故事往往能给顾客留下深刻的印象。

②对比。把顾客购买药品后所能得到的好处和不购买的不利之处一一列出，用列举事实的方法增强介绍的说服力，同时结合顾客熟悉的东西与正在销售的药品进行类比，来说明药品的优点。

③利益介绍。在介绍时，通常会犯一个错误，就是只向顾客介绍药品的功能、质量、特性等，而恰恰没有告诉顾客，这些特征能给顾客带来什么利益和好处。因此要切记，销售的不是药品，而是药品能带给顾客的利益。在介绍时，首先要让顾客明确这种药品的特征，其次更要让顾客明确购买这种药品的好处。

④例证。一般事实比理论更能吸引顾客的注意，生动的例证更易说服顾客。通常可以引用的证据有荣誉证书、质量认证证书、数据统计资料、广告宣传、报刊报道等。同时要结合具体数字，以具体数字说明这种药品能带给顾客的利益有多大。

⑤逐项说明介绍。通常顾客的需求都不是单一的，会出现两种或多种需求并存的情况，因此，要有条不紊地逐项向顾客介绍说明。应对药品的功能、价格和品质逐项向顾客说明，绝不能顾客问一句答一句，更不能不分重点和主次，使顾客无所适从。

⑥投其所好介绍。在介绍时必须以顾客的需求为重点，要投顾客所好，只有针对顾客的重点需求和最想知道的部分进行重点介绍说明，顾客才会有兴趣去听。

3）示范介绍。示范就是通过某种方式将药品的性能、优点、特色展示出来，使顾客对商品有一个直观了解和切身感受。可以结合药品情况，通过刺激顾客的触觉、听觉、视觉、嗅觉、味觉来进行示范。

4）工具介绍。这是利用助销工具来完成介绍的一种方法。通常可以借助顾客来信、图片、相册、商品宣传资料、说明书、POP广告、数据统计资料、市场调查报告、专家内行证词、权威机构评价、生产许可证、获奖证书、经营部门的专营证书、鉴定书、报纸剪贴等来说服顾客。在利用工具介绍药品时，要做好充分的准备工作，不能在介绍时找不到介绍工具，造成介绍的推延，影响顾客的购买情绪。这些助销工具可以由公司统一提供，也可以自己设计和制作。

（3）介绍药品的注意事项。

1）会倾听。介绍并不是滔滔不绝地讲解，而是要懂得倾听并在倾听的基础上进行讲解，只有学会倾听才能了解顾客的心理活动，观察和发现其兴趣所在，从而确认顾客的真正需要，达到销售的目的。倾听时要求做到以下方面：

①精力集中、专心致志地听。在倾听时不能开“小差”。如果顾客提出问题，或者传递了一个非常重要的信息，但因为销售人员心不在焉，没有及时反应，就会错失销售良机。

②有鉴别地倾听。倾听时要能辨别顾客说话的真伪，不要错把顾客拒绝购买的借口，如“太贵了”，当成反对意见加以反驳，从而激怒顾客，无形中增加了销售的阻力。

③保持倾听。当已经明确顾客的意思时，也要坚持听完顾客的叙述，不要因为急于纠正顾客的观点而打断顾客的谈话。即使是根本不同意顾客的观点，也要耐心地听完顾客的意见。听得越多，就越容易发现顾客的真正动机和主要的反对意见。

④积极回应。要获得良好的倾听效果，不仅要潜心地听，还必须适时地进行反馈表示，如点头、欠身、双眼注视顾客，或重复一些重要的句子，或提出几个顾客关心的问题。这样，顾客会因为被如此专心地倾听而愿意更多、更深地透露自己的需求。

2）熟悉药品的特性。在向顾客推荐药品，或向顾客介绍药品知识，或对顾客所提出的有关药品的性能、使用、疗效等方面的问题进行解答时，要做到懂得药品流转各个环节的业务工作；对所经营的药品要知道疗效、原料、价格、不良反应、生产产家及产地、质量性能、保管方法。只有十分熟悉所销售药品的情况，才能得心应手地做好介绍工作，激发顾客的兴趣并使其购买。

3）严守职业道德。要严格遵守职业道德，努力维护顾客利益，实事求是地介绍药品，不夸大优点，也不隐瞒缺点；不能为迎合顾客购买心理，将普通产品说成名牌产品；不以次充好。

4）尊重顾客。要尊重顾客的习惯、兴趣、爱好，有针对性地介绍药品，不盲目介绍或过分纠缠，给顾客以强买强卖的感觉；语言要简明扼要，语调语气要体现出热情、诚恳和礼貌。

3. 异议处理

在销售过程中，顾客提出异议是很普遍的。在药品的销售过程中，销售人员要学会总结与分门别类地研究顾客的各种异议，做到能够预测顾客的异议，并及早解决异议。在学习处理异议的技巧的同时也要培养对待顾客异议的正确态度，要对事不对人，冷静沉着，宽宏大量，并尊重顾客的人格和消费的权利。

（1）常见的顾客异议类型。

1）需求异议。这是指顾客认为根本不需要所销售的药品或没有购买意愿，只是随便看看而产生的异议。

2）金钱异议。指顾客认为支付不起购买药品所需的钱款，如“疗效不错，可惜太贵了”等。

3）权力异议。这是指顾客表示无权对购买行为作出决策的一种异议，常见的有“我做不了主”“我不知道我家里人要不要”等。

4）商品异议。这是指顾客认为销售的药品不符合购买要求或是质量、疗效不符合要求或者认为没有竞争对手的产品好等而产生的异议，也是常见的一种异议。这是顾客对药品已经非常了解之后提出的意见，是商品或服务本身确实存在的问题。往往有购买兴趣的顾客才会提出这样的问题。销售人员一定要对药品有充分认识，然后才能用适当的、有利的语言去消除顾客的异议。

5）价格异议。这是指顾客因对销售的药品的估价过低而提出的异议，如“太贵了”“别的药品比较便宜”“这个价钱太贵了……”“我想看看便宜一点的药……”等。价格异议又分以下两种：

①压价。这种异议很常见，顾客不是在挑商品的毛病，而是为了压价。

②价格偏高。当顾客提出价格偏高来反对时，往往就和想象中同样药品的价格来作对比。

6）信用异议。这是指顾客认为销售人员的信用度低，或者是对药品生产企业的信用度表示怀疑而产生的异议。由于缺乏信任感，顾客会转而购买其他信用度高的药品。

7）销售人员异议。这是指顾客认为不应该从某个销售人员手中购买药品的一种购买异议。有销售人员异议的顾客会转向他认为合适的另一位销售人员购买。

8）服务异议。这是指顾客对购买药品能否得到类似包装、退换货等服务项目所提出的异议。

9）购买时间异议。即顾客认为现在不是购买的最佳时间，想推迟购买所提出的异议。

10）利益异议。这是指顾客对购买药品后能否带来利益及利益的多少表示怀疑而提出的异议。

11）政策异议。这是指顾客对购买行为是否符合政策要求所提出的异议，也称为责任异议。顾客担心一旦购买被确认是违反政策或法规的，将会被追究责任。

（2）处理顾客异议的步骤。

1）缓冲。缓冲是处理异议的关键一步。处理异议的效果不佳，症结就在于没有充分理解顾客表达的需求和愿望。缓冲则是对顾客要求关注的愿望表示理解的沟通技巧。

事实上，顾客在购买药品的过程中可能并不想真的拒绝，顾客拒绝的可能只是来自销售人员的强迫、操纵、欺骗，一旦产生这样的感觉，顾客就会捍卫自己的空间。缓冲就是通过理解顾客的愿望使顾客放松、平静。

2）探询。探询是解决顾客异议的第二步，当顾客的感觉被缓和后，就要对顾客的真正需求进行探询。这时销售人员正确的做法有以下几种：

①先澄清并确认顾客提出异议的缘由。顾客可能怀疑药品的疗效、治疗的需求、价格的高低，也可能认为正在使用的同类品种价格低廉等。

②进一步缓冲。如果无法马上了解顾客问题的关键原因，可以进行进一步缓冲，可以使用这样的句子，“您的意见的确重要，能否详细说一下”“您考虑得特别仔细，我想多听您说一说”。这样的语言也会缓解顾客异议带来的紧张气氛。

③找到顾客的真正需求。在经过分析后，确定了顾客异议的原因，就要找到顾客的真正需求。例如，顾客需要更好的疗效而对价格方面不会太关注等。这样一来，就能迅速地满足顾客的需求。

3）聆听。聆听在处理异议过程中尤为重要，因为异议本身就来自于信息传递过程中的丢失或者误解。这就需要仔细聆听。同时要注意避免由于聆听处理不当而带来的新的异议，结果希望成功处理异议的想法更激起了顾客的愤怒和不满，严重影响销售。

4）答复。在成功运用缓冲、探询、聆听的技巧后，就会发现顾客的真正需求，这时就要及时地答复。答复时切忌拖延和只了解顾客的异议而不从实处解决顾客的异议，令顾客有上当受骗的感觉，这样会令前面的工作全部白费，而且会引起顾客的强烈反感。

（3）处理顾客异议的方法。

1）时间处理法。时间处理法具体又可分为立即处理、提前处理和推迟处理三种方法。

①立即处理法。在一般情况下，绝大多数顾客都认为异议被提出后就应当立即被处理。假设顾客提出异议后不立即回答，就可能使顾客产生不信任，并感到自己没有受到应有的尊重。因此，立即处理法是较好的处理异议的方法。在绝大多数情况下，只要顾客提出异议或疑问，就应当立即回答。

②提前处理法。提前处理法是指在介绍药品时就采取充分的事先“预防”措施，把可能的异议先解释清楚，防止顾客率先提出异议，从而赢得顾客的信任。这不仅有利于化解异议，还可以节省大量时间，提高交易效率。但在运用时注意不要点明顾客的疑虑，要尊重顾客的想法。

③推迟处理法。在某些特殊情况下，要适当地采用推迟处理的方法处理顾客的异议，一般有下列几种特定的情况。

a. 顾客一进店就对价格产生异议时。

b. 当按照事先计划的介绍程序有效地回答顾客的异议时。

c. 当异议过于频繁和细小，可以确定是顾客故意造成障碍并进行干扰和拖延时间时。

2）忽略处理法。这种方法主要用于由于顾客心境不佳而提出一些借口或异议时。一般地说顾客的异议不容忽视，但也有许多异议不需要回答，如无法回答的奇谈怪论、容易形成争论的话题、戏言、具有不可辩驳性的正确异议、明知故问的发难等。因此只要面带笑容地同意或者轻描淡写地一带而过就可以了，并巧妙地改变话题，满足顾客表达的欲望即可。常使用的方法有微笑点头、装作没听见、悄悄转移话题以及表示“同意”或表示“您真幽默”“真是高见”“我懂”“很好”或“我了解”等。

3）补偿处理法。所谓“补偿”是指用药品优点补偿其缺点，或用整体的优点补偿局部的缺点。这种方法主要适用于当顾客异议是正确的、中肯的时候，就应该虚心接受，并作出补偿性辩护，即承认药品的缺陷和不足，同时寻找其他优点来补偿、抵消缺点，引导顾客从药品所具有的优点来考虑问题，强调药品的优点对顾客来说是重要的，而其缺点对顾客而言则不是很重要。采用补偿处理法应避免强词夺理，与顾客强辩，还要注意，当顾客提出的异议有事实依据时，销售人员应该承认并欣然接受，禁止强力否认事实。

4）“但是”处理法。应该了解顾客永远是对的，即使不对，也不能直接指出来，而要采取“但是”处理法，即要先同意顾客潜在的异议，同时用另一种说法去说服顾客，通过充分陈述实情，取得与顾客一致的意见。避免多次正面反驳顾客，这样会让顾客恼羞成怒，即便说得都对，也没有恶意，还是会引起顾客的反感，因此最好不要开门见山地直接提出反对意见。在表达不同意见时，尽量利用“是的……但是”的句法，软化不同意见的语气。

5）直接反驳法。虽然大多数异议不能直接反驳，但是在有些情况下，必须直接驳倒顾客不正确的观点。例如，顾客说药品已经过期（而实际上并没有过期）等。销售人员对于以下情况应该使用直接反驳法：

①顾客对公司的服务、诚信有所怀疑时。

②顾客引用的资料不正确或本身专业知识严重错误而影响正常销售时。

6）询问处理法。这是对顾客的异议进行反问或质问来答复顾客异议的方法。例如，顾客说：“你的药品信誉很好，不过我现在不想买。”此时可以追问：“既然信誉很好，为什么您现在不买呢?”这样找出了顾客不买的真正原因，有助于说服顾客。

4. 促成交易

之前所述的一系列销售手段都是为了成交。一定要把握好成交的最后阶段，不能前功尽弃。一般来说，顾客产生了购买欲望常常不会直说，而是不自觉地表露其心意。这就要求能及时地发现顾客的购买信号，主动地促成交易的实现，而不是等待顾客提出成交，要把握好成交的时机。

（1）寻找成交的时机。成交时机是顾客通过语言、表情、行动等流露出来的购买意图，要从顾客的语言、表情和动作上找到成交的时机。

1）语言。当顾客有采取购买行动的意向时，可以从顾客的语言中发现顾客发出的成交信号。

①重述药品所提供的利益或称赞药品，如说“这种药品对这种症状的治疗效果确实不错”“起效的确很快”等。

②询问药品的使用方法等细节，如说“你介绍的这种药多少钱一盒?”“一盒能用几天?”“这种药的安全性怎样?”等。

③表示同意意见，如说“看来，仍需要增加剂量才行”“我倒没想到携带方便，这一点确实重要”“要是这样分析，这种药的确不算贵”等。

④顾客提出问题并议论时，如药品的服用注意事项；开始讨价还价，问可否再降点价；用假定的口吻与语句谈及购买等。

⑤表示出对目前正使用的其他品牌的药品不满。

⑥提出具体成交条件，如说“还有其他优惠吗？赠送什么?”“多买是否可以优惠?”等。

⑦要求作出某些保证，如说“买了你们的药，出现质量问题怎么办?”

⑧反复提出已答复或已弄清的问题。

⑨询问药品的使用疗效、价格等情况。

⑩询问该药品的其他特征或对药品给予肯定的评价。

2）表情。面部表情通常不容易琢磨，但经过仔细观察与认真思考，仍可以得到顾客成交的信号，如眼睛转动由慢变快、眼睛发光等。具体有以下方面；

①表情由不安、防御转为高兴、放松，声调变得更加积极、肯定。

②由托腮沉思变为脸部表情明朗轻松、友好。

③情绪由冷漠、怀疑、深沉变为自然、大方、随和、亲切。

④态度明显好转，兴趣提高，双眉放松、上扬，神色活跃，态度更友好，表情开朗、认真，自然微笑，眼神温和。

3）动作。也可以通过观察顾客的动作，识别顾客是否有成交的倾向。顾客购买前的一些常见动作有以下几种：

①由静止变动态。原先顾客采取静止状态听讲解，这时转为动态，如拿起药品仔细观察等。显然，从原来的动态转向静止也是一个信号。

②由紧张变放松。如原来倾听介绍，所以身体前倾并靠近药品，这时变为放松姿态。或者身体后仰，或者拢发，或者做其他舒展动作等。

③由单动作变多动作。如顾客由一个角度到多个角度观察药品及再次翻看说明书等。

④用手触摸、检查或试用药品等。

⑤长时间地盯着说明书、样品，或者沉默不语、身体靠近销售人员、询问同伴的意见等。

(2) 决定销售的方法。当通过以上一系列的步骤说服顾客购买后，为了防止顾客变卦，应立即促使顾客交款，最终完成销售，而不能使到手的交易因为拖延而失败。以下是一些常用的决定销售的方法：

1) 一锤定音。当顾客说："好，我就买这个吧"时，销售人员催促顾客交款时的语气要肯定，同时要注意不要显得突然，最好把暗示顾客交款和为顾客提供购买后的一系列服务结合起来，如："好的，这是给您开的票，请先去交款台交款。"

2) 把药店的服务项目告诉顾客。有关药店的各项活动和某些特殊服务项目，顾客可能已经询问过并了解了，但是在顾客交款回来、药品尚未脱手的成交之际，还是要将特殊服务的内容准确无误地叙述一遍，如药品的使用方法、保存方法、品质保证、退换货的处理、送货等事宜，要让顾客一清二楚，以免顾客产生抱怨。

3) 决定销售的注意事项。在顾客决定购买时，销售人员还需注意以下几点：

①注意使用礼貌用语。不礼貌的语言会立刻引起顾客的反感，很可能导致销售失败或退货。

②催促交款时忌用假设问句。例如，"如果您决定买这种药，我就开票了"或"如果您同意，我就把药品包装起来"，这种假设语句里包含着否定的一面，不利于最后的成交，顾客可能会说："先别忙着开票，让我再考虑一下。"

③语气要平缓。避免催促和强迫顾客购买，更不能使用粗暴、生硬的语言，如"怎么样，您到底买还是不买?""您快点不行吗? 我可没时间老陪着您。"每个人都希望得到别人的尊重。

④要设身处地为顾客着想，真正为顾客做好服务。

5. 收款送客

收款送客是药品销售的最后阶段，也是最重要的阶段之一。销售人员一般不做收银工作，但要开具准确无误的收银小票，以配合收银员的工作，因此有必要了解收银的全过程，以便更好地为顾客服务。

(1) 收银。收银的内容通常包括收银原则的遵守、销售小票的开具、信用卡的使用和收银时的一些注意事项等。

1) 收银原则。在进行收银工作时，收银员应遵循以下原则：

①快速。收银的整个操作过程要求迅速。收银的扫描、装袋、刷卡、找零等细节，现金室操作、收银管理人员的现场营运实务过程，都必须快速。

②确认。确认事项主要包括以下几方面：药品单价确认，折扣确认，药品数量和总价确认，应收顾客现金、信用卡付款数额确认，应回找顾客金额、票据的确认，顾客放好信用卡、票据确认。

③货款合一。要做到货款合一，收银员必须收付清楚准确，同时让顾客知道药品的价格，避免在货款结算方面与顾客发生不愉快。

④优质服务。在收银时要保持微笑、礼貌、主动、真诚、自然。如果药品有服用时要注意的特殊情况，应主动地告诉顾客，如一些常用药品的保管和忌用人群等。

⑤唱收唱找。在开票之前，收银员应将价格标签指给顾客看，并说出来："这药品是××元，打折后是××元。"避免由于顾客看错金额而导致纠纷。收到货款后，要将金额说给顾客听。从顾客手中接过货款时，一定要说："谢谢您，您给我的是150元，要找您30元。"假如顾客所付的钱刚好和票据上的价格相符，则应说："谢谢您，刚好是120元。"必须在收到货款时进行确认，以便有误时及时补救。

2）开具销售小票。销售小票一般一式四联，第一联柜台销售人员留存，用于核对当日的销售数量，做到账实相符，且累计后可与收款台核对销售额情况；第二联收款台留存；第四联由收款台交给财务部门；第三联顾客保存，不能作为报销凭证，只是一个购货证明，如果顾客在一定时期内发现质量问题，可凭此票据要求退换等。销售人员在开具销售小票时要注意以下三点内容：

①要求按各栏目内容填写齐全，不得颠倒或漏填。

②确认填写完全，对品名、数量、单位、单价、金额的大小写等，不得有遗漏。

③字迹要清楚、端正，数字要准确，要填写交易日期，经手人要签字。

（2）递交药品。用双手将小票与找回的现金交给顾客，并确定顾客放入钱包之后，将包装袋袋口用胶带封好，双手拿着包装袋两边递给顾客。此外，还要帮助顾客将其他物品与购买的药品一并放入袋中。

（3）送别顾客。当整个销售过程结束后，将包装好的药品双手递交给顾客时，应该由衷地说"谢谢，能为您服务是我的荣幸"，然后将顾客送到店门口，同时鞠躬说"谢谢惠顾，期待您再度光临"，并亲切、有礼貌地目送顾客离去。

二、票据填制

1．票据的种类及结算

根据我国《票据法》的规定，票据包括支票、本票和汇票。票据结算包括支票、银行本票、银行汇票和商业汇票的结算。

（1）支票。

1）定义。支票是出票人签发的，委托办理支票存款业务的银行在见票时无条件支付确定的金额给收款人或者持票人的票据，如图3—1所示。

2）适用范围。单位和个人在同一票据交换地区的款项结算均可以使用支票。支票的出票人为在经中国人民银行当地分支行批准办理支票业务的银行机构开立可以使用支票的存款账户的单位和个人。

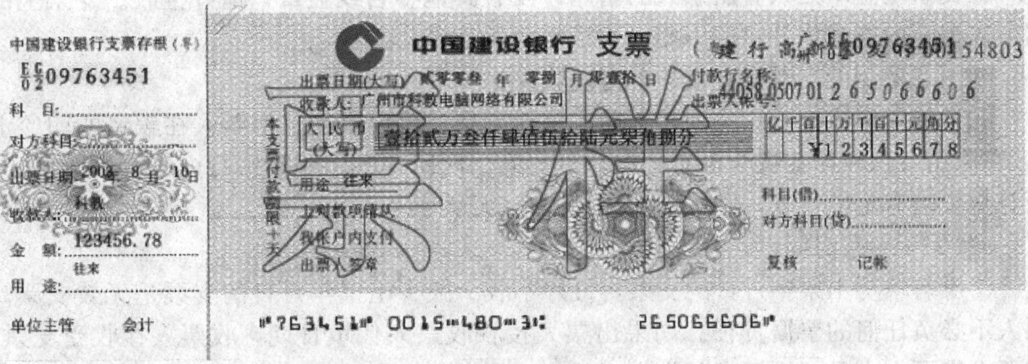

图 3—1　支票

3）使用方式

①签发支票。必须记载表明“支票”的字样、无条件支付的委托、确定的金额、付款人名称、出票日期、出票人签章。缺少以上记载事项之一的，支票是无效的。支票的金额、收款人名称，可由出票人授权补记，未补记前不得背书转让和提示付款。

出票人必须预留银行签章或支付密码，不得签发与其预留银行签章不符的支票；使用支付密码的，出票人不得签发支付密码错误的支票。

禁止签发空头支票，凡发现空头支票、签章与预留银行签章不符的支票、使用支付密码错误的支票，银行应予以退票，并按票面金额处以 5%但不低于 1 000 元的罚款；持票人有权要求出票人赔偿支票金额 2%的赔偿金。

②支票取现。收款人须在支票背面背书。

③支票转账。委托收款的支票或经背书转让的支票须按规定背书。

④支票挂失。已签发的支票（必须已填写收款人名称）遗失，可以在付款期内向银行申请挂失，如挂失前已经支付，银行不予受理。

⑤支票的领用与注销。存款人领用支票须填写“支票领用单”，再加盖预留银行印鉴。账户结清时，须将全部剩余空白支票还回开户行注销。

4）关于签名盖章。出票人在支票上签名盖章是负担票据债务的一种具体表示，当支票退票时，要负起出票人的责任，偿还支票上所记载的金额。签名盖章要盖在支票上出票人栏的位置，盖在其他地方就不发生签名盖章的效力，属于不合格支票。实际操作中，收票人应注意以下几点：

①没有签名盖章的支票不能收。签章空白的支票是“不完全票据”，这种票据无法律效力。必须请出票人补盖印鉴方可接收。

②出票签名或盖章模糊不清的支票不能收。这种签章不清楚或不明的支票经常被银行退票。

单元 3

③支票上签章处只有出票人的指印，没有其他签名或盖章，最好拒收。支票上的签名能以盖章的方式代替，但不能以按指印代替签名。

④图章颠倒的支票是有效的，可以收受。

⑤盖错印章涂销后，再加盖正确印鉴的支票，可以收受。出票人在盖错的印鉴上打“×”涂销，这枚印鉴视为没有记载，只要第二次所盖的印鉴和银行内原有的印鉴相同，而且户头内有足够存款，则这张支票是安全的。

5）关于支票时间。

①没有填写出票年月日的支票，最好不收。缺少出票年月日的支票是无效支票，出票人不必负任何的票据责任。如果出票人授权收票人代填日期，收票人在收受支票时，应要求出票人出具“授权书”作为证明，否则有可能吃伪造有价证券的官司。

②出票年月日改写后，必须在改写处盖章。如不盖章，这种支票会被银行退票。

6）关于支票金额。金额是支票必须记载的事项之一，也是票据债务人员担保范围的指标。支票的金额应以大写数字书写，以示慎重，并可以防止遭人涂改。因此，金额一经填写就不能改写，否则支票无效。对于支票金额应注意以下问题：

①票面大写金额栏内漏写“元”字的支票不可收受。我国通用的币制单位有元、角、分。只有记载数字，而无“元”的记载，其金额难以确定。

②大写金额经涂改的支票是无效支票，绝对不能收受。

③支票上大写金额不应当写零，而多写零的支票，尽可能不要收受。金额位数连续有几个零时，应只写一个零字。例如，“50 005 元”应写成“伍万零伍元整”，而不能写成“伍万零零伍元整”。

④票面金额填写“拾元整”的支票，不可收受。银行实务对有关支票金额的写法有特别的要求，“10 元”应写为“壹拾元整”。

⑤支票上大写金额写“廿”绝对不能接收。“20 元”的正确写法是“贰拾元”，如果写成“廿”，银行会以退票方式处理。

（2）银行本票。

1）定义。银行本票是银行签发的，承诺自己在见票时无条件支付确定的金额给收款人或者持票人的票据，如图 3—2 所示。

银行本票分为定额本票和不定额本票两种，定额银行本票面额为 1 000 元、5 000 元、10 000 元、50 000 元，其提示付款期限自出票日起最长不得超过 2 个月。

2）适用范围。单位和个人在同一票据交换区域需要支付各种款项，均可以使用银行本票。银行本票可以用于转账，注明“现金”字样的银行本票可以用于支取现金。

3）银行本票记载事项。表明“银行本票”字样、无条件支付的承诺、确定的金额、收款人的名称、出票日期、出票人签章。

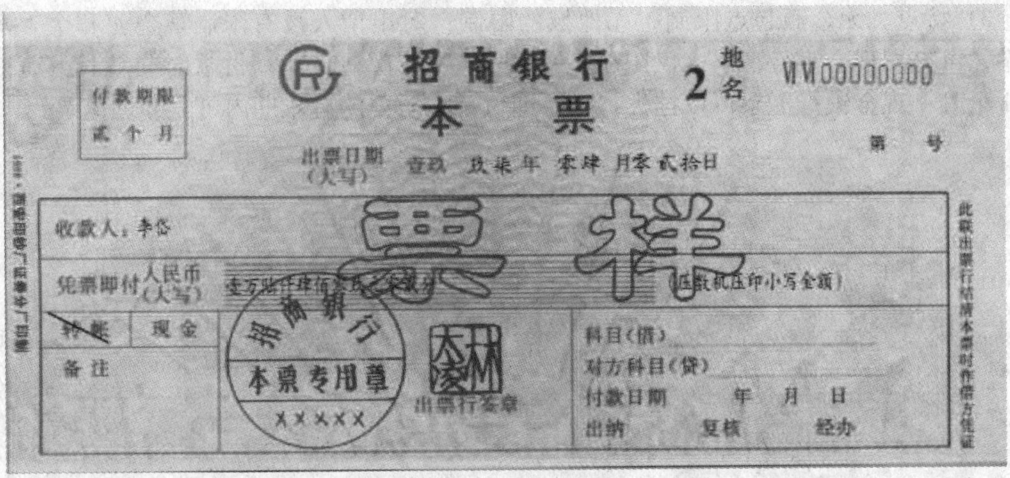

图 3—2 银行本票

4）银行本票办理方法。

①申请人使用银行本票应向银行填写“银行本票申请书”，填明收款人名称、申请人名称、支付金额、申请日期等事项并签章。申请人和收款人均为个人且需要支取现金的应在“支付金额栏”先填写“现金”字样，后填写支付金额。

②出票银行受理“银行本票申请书”，收妥款项后签发银行本票，用于转账的，在银行本票上划去“现金”字样；申请人和收款人均为个人且需要支取现金的，在银行本票上划去“转账”字样，不定额银行本票用压数机压印出票金额，出票银行在银行本票上签章后交给申请人。

③收款人接受银行本票后，要审查以下内容：

a. 收款人是否确为本单位或本人。

b. 银行本票是否在提示付款期限内。

c. 必须记载的事项是否齐全。

d. 出票人签章是否符合规定，不定额银行本票是否有压数机压印的出票金额，并与大写出票金额一致。

e. 出票金额、出票日期、收款人名称是否更改，更改的其他记载事项是否由原记载人签章证明。

收款人可以将银行本票背书转让给被背书人。

（3）银行汇票。

1）定义。银行汇票是出票银行签发的，由其在见票时按照实际结算金额无条件支付给收款人或者持票人的票据，如图 3—3 所示。

2）适用范围。单位和个人各种款项结算均可使用银行汇票。银行汇票可以用于转账，填明“现金”字样的银行汇票也可以用于支取现金。

3）特点。无金额起点限制；无地域的限制；对申请人没有限制，企业和个人均可申请；可签发现金银行汇票（仅限个人使用）；可以背书转让；付款时间较长，有效期为1个月；现金银行汇票可以挂失；见票即付；在票据的有效期内可以办理退票。

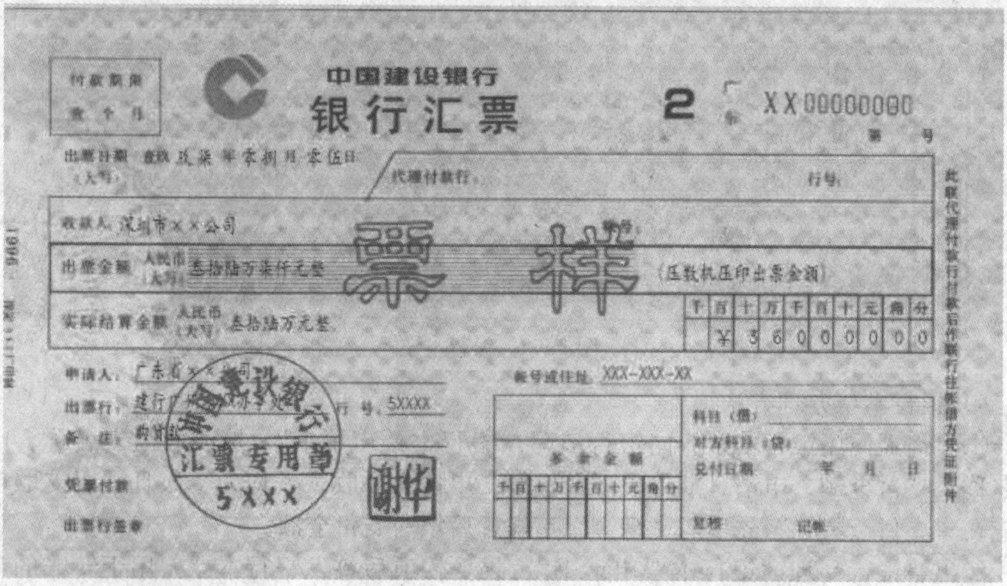

图3—3　银行汇票

4）申请和签发手续。

①提出申请。填写一式三联“银行汇票申请书”。

②套写。必须用双面复写纸套写。

③签章。在“银行汇票申请书”的第二联支付凭证联上盖预留银行印鉴。

（4）商业汇票。

1）定义。商业汇票是由出票人签发的，委托付款人在指定日期无条件支付确定的金额给收款人或者持票人的票据。商业汇票按其承兑人的不同，可以分为商业承兑汇票和银行承兑汇票两种。商业承兑汇票是指由收款人签发，经付款人承兑，或者由付款人签发并承兑的汇票（见图3—4）；银行承兑汇票是指由收款人或承兑申请人签发，并由承兑申请人向开户银行申请，经银行审查同意承兑的汇票（见图3—5）。

2）适用范围。商业汇票的适用范围相对较窄，各企业、事业单位之间只有根据购销合同进行合法的商品交易才能签发商业汇票。商业汇票的使用对象是在银行开立账户的法人。商业汇票可以由付款人签发，也可以由收款人签发，但都必须经过承兑。未到期的商业汇票可以到银行办理贴现，在同城、异地都可以使用，而且没有结算起点的限制。商业汇票一律记名并允许背书转让。

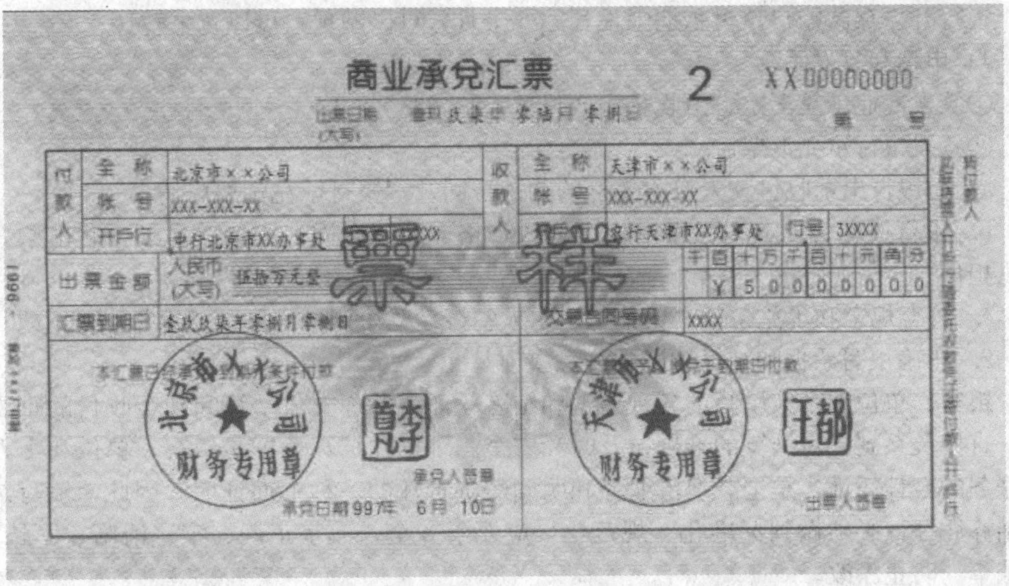

图 3—4　商业承兑汇票

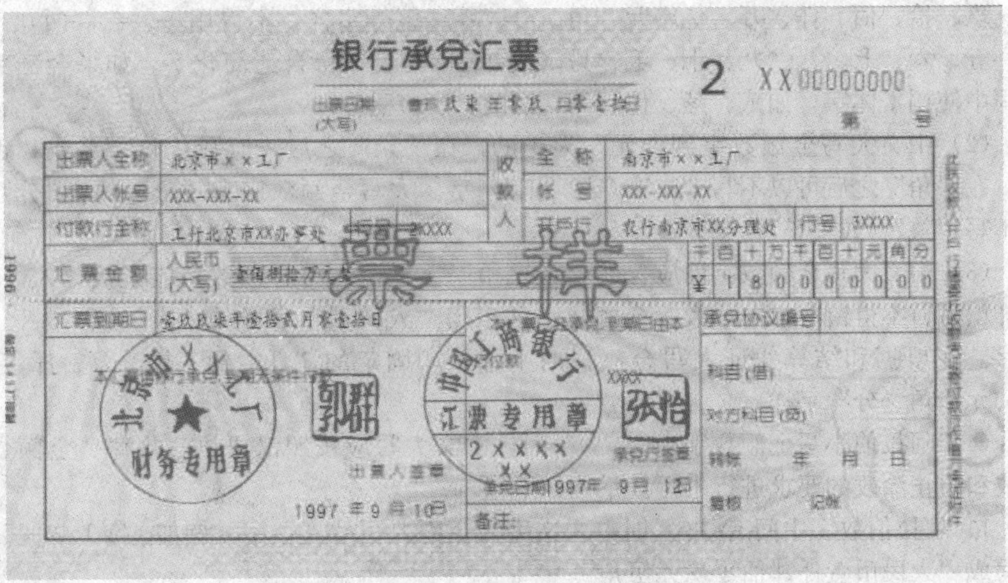

图 3—5　银行承兑汇票

3）特点。

①商业承兑汇票。无金额起点的限制；付款人为承兑人；出票人可以是收款人，也可以是付款人；付款期限最长可达 6 个月；可以贴现；可以背书转让。

②银行承兑汇票。无金额起点限制；第一付款人是银行；出票人必须在承兑（付

款）银行开立存款账户；付款期限最长达 6 个月；可以贴现；可以背书转让。

4）申请和签发手续。

①签发商业承兑汇票。由收款人或付款人签发。

②签发银行承兑汇票。

a. 向银行出示收付款人双方签订的购销合同及“银行承兑汇票申请书”。

b. 银行按有关规定和程序审核出票人资格、购销合同、资信等，必要时出票人应提供担保。

c. 符合规定和承兑条件，银行与出票人签订承兑协议，即可承兑银行承兑汇票。

2. 正确填写票据和结算凭证的注意事项

银行、单位和个人填写的各种票据和结算凭证是办理支付结算和现金收付的重要依据，直接关系到支付结算的准确、及时和安全。票据和结算凭证是银行、单位和个人记载账务的会计凭证，是记载经济业务和明确经济责任的一种书面证明。因此，填写票据和结算凭证，必须做到标准化、规范化，应要素齐全、数字正确、字迹清晰、不错漏、不潦草、防止涂改。

（1）中文大写金额数字应用正楷或行书填写，如壹、贰、叁、肆、伍、陆、柒、捌、玖、拾、佰、仟、万、亿、元、角、分、零、整等字样。不得用一、二（两）、三、四、五、六、七、八、九、十、毛、另（或 0）填写，不得自造简化字。如果金额数字书写中使用繁体字，如貳、陸、億、萬、圓的，也应受理。

（2）中文大写金额数字到“元”为止的，在“元”之后，应写“整”（或“正”）字，在“角”之后可以不写“整”（或“正”）字。大写金额数字有“分”的，“分”后面不写“整”（或“正”）字。

（3）中文大写金额数字前应标明“人民币”字样，大写金额数字应紧接“人民币”字样填写，不得留有空白。大写金额数字前未印“人民币”字样的，应加填“人民币”三字。在票据和结算凭证大写金额栏内不得预印固定的“仟、佰、拾、万、仟、佰、拾、元、角、分”字样。

（4）阿拉伯小写金额数字中有“0”时，中文大写应按照汉语语言规律、金额数字构成和防止涂改的要求进行书写。举例如下：

1）阿拉伯数字中间有“0”时，中文大写金额要写“零”字。例如“¥1 409.50”，应写成“人民币壹仟肆佰零玖元伍角”。

2）阿拉伯数字中间连续有几个“0”时，中文大写金额中间只写一个“零”字。例如“¥6 007.14”，应写成“人民币陆仟零柒元壹角肆分”。

3）阿拉伯金额数字万位或元位是“0”，或者数字中间连续有几个“0”，万位、元位也是“0”，但千位、角位不是“0”时，中文大写金额中可以只写一个“零”字，也可以不写“零”字。例如“¥1 680.32”，应写成“人民币壹仟陆佰捌拾元零叁角贰分”，或“人民币壹仟陆佰捌拾元叁角贰分”；又如“¥107 000.53”，应写成“人民币壹拾万柒仟元零伍角叁分”，或“人民币壹拾万零柒仟元伍角叁分”。

4）阿拉伯金额数字角位是“0”，而分位不是“0”时，中文大写金额“元”后面应写“零”字。例如“¥16 409.02”，应写成“人民币壹万陆仟肆佰零玖元零贰分”；又如“¥325.04”，应写成“人民币叁佰贰拾伍元零肆分”。

（5）阿拉伯小写金额数字前面均应填写人民币符号“¥”。阿拉伯小写金额数字要认真填写，不得连写以免分辨不清。

（6）票据的出票日期必须使用中文大写。为防止变造票据的出票日期，在填写月、日时，月为壹、贰和壹拾的，日为壹至玖和壹拾、贰拾和叁拾的，应在其前加“零”；日为拾壹至拾玖的，应在其前加“壹”。例如，“1月15日”，应写成“零壹月壹拾伍日”。再如“10月20日”，应写成“零壹拾月零贰拾日”。

（7）票据出票日期使用小写填写的，银行不予受理。大写日期未按要求规范填写的，银行可予受理，但由此造成损失的，由出票人自行承担。

3. 我国《票据法》的有关规定

（1）票据活动应当遵守法律、行政法规，不得损害社会公共利益。票据出票人制作票据，应当按照法定条件在票据上签章，并按照所记载的事项承担票据责任。持票人行使票据权利，应当按照法定程序在票据上签章，并出示票据。其他票据债务人在票据上签章的，按照票据所记载的事项承担票据责任。票据权利是指持票人向票据债务人请求支付票据金额的权利，包括付款请求权和追索权。票据责任是指票据债务人向持票人支付票据金额的义务。

（2）票据当事人可以委托其代理人在票据上签章，并应当在票据上表明其代理关系。没有代理权而以代理人名义在票据上签章的，应当由签章人承担票据责任；代理人超越代理权限的，应当就其超越权限的部分承担票据责任。无民事行为能力人或者限制民事行为能力人在票据上签章的，其签章无效，但是不影响其他签章的效力。

（3）票据上的签章为签名、盖章或者签名加盖章。法人和其他使用票据的单位在票据上的签章，为该法人或者该单位的盖章加其法定代表人或者其授权的代理人的签章。在票据上的签名应当为该当事人的本名。

（4）票据的签发、取得和转让，应当遵循诚实信用的原则，具有真实的交易关系和债权债务关系。票据的取得，必须给付对价，即应当给付票据双方当事人认可的相对应的代价。因税收、继承、赠予可以依法无偿取得票据的，不受给付对价的限制。但是，所享有的票据权利不得优于其前手的权利（前手是指在票据签章人或者持票人之前签章的其他票据债务人）。

（5）以欺诈、偷盗或者胁迫等手段取得票据的，或者明知有前列情形，出于恶意取得票据的，不得享有票据权利。持票人因重大过失取得不符合《票据法》规定的票据，也不得享有票据权利。

（6）票据金额以中文大写和数字同时记载，二者必须一致，二者不一致的，票据无效。票据上的记载事项必须符合《票据法》的规定。票据金额、日期、收款人名称不得更改，更改的票据无效。对票据上的其他记载事项，原记载人可以更改，更改时应当由原记载人签章证明。

（7）票据上的记载事项应当真实，不得伪造、变造。伪造、变造票据上的签章和其他记载事项的，应当承担法律责任。

（8）票据丧失，失票人可以及时通知票据的付款人挂失止付，但是，未记载付款人或者无法确定付款人及其代理付款人的票据除外。收到挂失止付通知的付款人，应当暂停支付。票据权利在下列期限内不行使而消灭：

1）持票人对票据的出票人和承兑人的权利，自票据到期日起 2 年。见票即付的汇票、本票，自出票日起 2 年。

2）持票人对支票出票人的权利，自出票日起 6 个月。

3）持票人对前手的追索权，自被拒绝承兑或者被拒绝付款之日起 6 个月。

4）持票人对前手的再追索权，自清偿日或者被提起诉讼之日起 3 个月。

票据的出票日、到期日由票据当事人依法确定。持票人因超过票据权利时效或者因票据记载事项欠缺而丧失票据权利的，仍享有民事权利，可以请求出票人或者承兑人返还其与未支付的票据金额相当的利益。

第三节　售后管理

培训目标

→ 掌握药品销售的售后服务

→ 了解销售药品记录的内容及建立顾客档案的方法

一、药品销售记录

药品销售记录是业务部门对发生的实际销售情况所作的记录，其目的是对销售业务的合法性进行有效的监督，并对药品的销售去向进行有效的跟踪。为了规范企业药品经营行为，加强对药品销售活动的监督管理，对售出药品进行有效的质量跟踪，《药品经营质量管理规范》（GSP）要求企业销售部门应负责建立药品的销售记录。

药品销售记录应记载药品的品名、剂型、规格、有效期、生产企业、购货企业、销售数量、销售金额、销售日期等项内容（见表 3—1）。销售记录应保存至超过药品有效期1年，但不得少于3年。

表3—1　药品销售记录

编号：　业务员：

销售日期	通用名称	商品名称	剂型	规格	批号	有效期	数量	生产企业	购货企业	单价	金额合计	备注

二、售后服务

1. 顾客访问

企业应根据不同的内容要求，酌情采用函电征询、上门访问、书面调查、邀请顾客座谈和利用会议调研等方式，广泛征求收集顾客对药品质量、工作质量、服务质量的评价意见，建立药品质量、质量管理征询意见书。药品质量、质量管理征询意见书的格式可以按有关规范要求的内容进行设计。其内容包括以下几个方面：

（1）药品质量方面的意见，包括药品的外观、包装质量、内在质量；可请被征询意见的单位列出具体的品名、规格、数量、批号、厂名、产地、进货日期、质量等具体情况。

（2）工作质量方面的意见。工作质量方面的意见包括药品的供应情况、运输、差错、问题处理、服务态度等。

（3）建议与要求。顾客的建议与要求是从实践中来的，在一定程度上反映了企业存在的问题。每次访问应事先做好充分准备，明确访问目的，拟订调查提纲，组织好访问人员，注重工作效果，并做好访问记录，建立顾客访问工作档案。企业对顾客反映的意见和提出的问题必须跟踪了解，研究整改措施，做到件件有交代、桩桩有答复。按照全面质量管理的理论与实践，认真研究对待来自顾客的意见，找出问题的症结，提出解决问题的办法，认真解决。

2. 建立顾客档案

为了长期地为顾客提供满意的服务，有效地捕捉到顾客潜在的满意要素，就必须建立顾客档案，长期持续地掌握顾客的动向。

（1）顾客档案信息的来源。一般来说，顾客档案信息都是通过销售获得的，在与不同顾客的接触中逐渐掌握大量顾客的信息，这些过程可以表现在以下方面：

1）促销活动中，如购物满一定金额者，在填好“顾客资料卡”后，获赠礼物一份，以表谢意，或是在某一时段内购买药品的顾客，留下资料后，可获赠礼品等。

2）在销售中与顾客交谈，了解药品的使用信息或进行意见调查，并请接受调查的顾客留下其基本资料，以便日后联系顾客。

3）发送药品样本或药品简介等宣传资料给顾客，并附回执单或反馈卡等。

4）为部分提前预订或未买到合适药品的顾客提供登记表，请顾客留下基本资料、联系方式和要求，以便到货后及时通知购买。

5）以积分券的方式，将购物积分达到一定数量的顾客列为长期惠顾顾客，请其填写顾客资料卡，适当给予优惠服务。

6）利用 VIP 服务，推行会员制服务，全面了解顾客资料。

7）利用网上调查表收集信息。

8）委托市场调查公司进行专业的市场调查，掌握顾客的信息。

（2）顾客档案的内容。标准顾客档案的内容主要包括以下几个方面：

1）顾客的姓名、职业、教育背景、家庭住址、电话（办公室和住宅）、所在公司名称、公司的地址、出生年月日、出生地等。

2）家庭状况、婚姻状况、配偶姓名、配偶兴趣、子女教育、子女喜好等。

3）顾客对公司的态度、顾客对什么方面的药品有兴趣等。

4）生活方式，如目前健康状况、有无饮酒习惯、所嗜酒类与饮用量，如果不嗜酒，是否反对别人喝酒等。

5）顾客是否需改变自己的习惯、采取不利于自己的行动才能配合推销与建议等。

6）顾客是否特别在意别人的意见，顾客最关心的问题有哪些等。

顾客的档案就是要尽可能地发现顾客的需求，从而满足顾客的需求，因此，档案内容在不影响顾客正常生活的前提下，应以多为好，但与销售关系最为密切的内容应该作为档案的重点。同时，要严守顾客的秘密，在未经顾客允许的前提下，禁止泄露顾客的信息，对顾客的信息也要时刻保持更新。

（3）顾客档案的使用方法。

1）将收集的资料依据一定分类原则划分顾客类型，为不同顾客提供相应的服务。

2）将顾客资料数据输入计算机存档，如需改动，则填写“顾客资料变动卡”，通知资料管理部门进行更新。

3）不随意外泄顾客资料，资料保留期至少为 3 年。

（4）顾客档案用途。顾客档案可以提高工作效率，更有效地促进销售的顺利进行，最终提升业绩。顾客档案具体来说有以下用途：

1）及时满足没有购买到所需药品的顾客，在药品一到店即刻通知顾客。

2）寄送药品宣传册给顾客，让顾客了解更多的药品信息。

3）给顾客发布促销活动的相关内容、时间信息。

4）在节日庆典向顾客祝贺，扩大公司的影响，挖掘潜在的消费市场。

5）电话访问顾客药品使用情况。

6）为顾客提供生活资讯，解答顾客的疑点难点，做顾客的知心人。

7）为顾客设立销售服务热线。

8）为顾客提供会员制服务，提高服务质量。

单元测试题

一、填空题（请将正确的答案填在横线空白处）

1. 销售前的准备工作主要有________、________、________三个方面。

2. 处理顾客异议时，一般应遵循________、________、________、________四个步骤。

3. 销售记录应保存至超过药品有效期________年，但不得少于________年。

二、单项选择题（下列每题的选项中，只有 1 个是正确的，请将其代号填在横线空白处）

1. 下列不属于商业承兑汇票和银行承兑汇票共同点的是__________。

A. 无金额起点限制　　B. 第一付款人为承兑人

C. 付款期限最长可达 6 个月　　D. 可以贴现

E. 可以背书转让

2. 关于银行汇票的特点，不正确的是__________。

A. 无金额起点限制　　B. 无地域限制

C. 付款时间较长，有效期为 6 个月　　D. 见票无条件支付

E. 可以背书转让

三、简答题

1. 简述销售过程中接近顾客的原则。

2. 简要描述顾客档案的内容及其使用途径。

单元测试题答案

一、填空题

1. 环境准备　物资准备　人员准备　　2. 缓冲　探寻　聆听　答复　　3. 1　3

二、单项选择题

1. B　　2. C

三、简答题

答案略。

第4单元

药品的陈列与保管

药品陈列的推广效果比广告更直接、更富冲击力、更容易刺激销售，使品牌药店所售药品在末端通路（即售点）更能吸引消费者光临，刺激消费者的购买欲望，最终促成消费者购买，实现整体销售的迅速提升。良好的药品陈列也可以塑造药店的形象，体现药店经营主旨，传达信息，美化店堂，最终加深顾客的印象，增强药店直观的广告作用，增强促销效果。因此，做好药品的陈列对医药零售企业建立稳固的卖场链、巩固品牌基础、提升药品销售都是至关重要的，医药商品购销员必须掌握。

药品的储存与保管工作直接关系到药品质量是否能够得到保证。医药商品购销员更要注意学好药品的储存与保管知识。

第一节　药品的配置与陈列

培训目标

- 掌握药品陈列摆放的要求和原则
- 熟悉处方药、非处方药及中药饮片的陈列
- 了解医药商品线的意义及注意事项

一、药品的配置

药品配置即药品的配备（品种、数量）与放置（布局、陈列）。药品配置的好坏直接影响着销售经营的绩效，若药品及卖场货架没有经过合理的规划，不仅会占据太多的陈列位，而且也会阻碍其他药品的引进，不但浪费有限的空间，也将造成库存资金的积压。如何将药品及货架做到最好且合理的配置是商品线规划及销售场所空间管理所要解决的问题。

1. 药品配置的依据

药品分类、药品线目录、空间管理及门店具体商圈状况是门店药品配置的主要依据。

（1）商圈调查。门店属地的市场容量、竞争状况等。

（2）消费者调查。商圈内消费者收入、年龄结构、家庭规模、购买习惯、对药品与服务的需求内容等。

（3）商品策略。有意识突出或培养某类药品、竞利竞价策略、低价代理策略、会员日销售策略等。

（4）其他。卖场实际状况（营业面积大小、店内固定结构限制）是否有品种限制等（店中店的品种限制）。

2. 药品配置的要求

（1）药品陈列基本要求。按《药品经营质量管理规范》（GSP）的要求，药品应按剂型或用途及储存要求分类陈列和储存。

1）药品与非药品、内服药与外用药应分开存放。

2）处方药与非处方药应分柜摆放。

3）处方药不得开架销售。

（2）闭架区。

1）处方药。处方药不良反应较大，全部放在处方柜中闭架销售，并标明警示语“请凭医师处方，在药师指导下购买和使用”。

单元 4

2）拆零药品。拆零药品统一存放在拆零专柜中，按口服药、外用药分类存放，并保留原包装的标签和说明书。拆零工具、包装袋应保持清洁卫生。

3）冰箱。药品应按照规定的温湿度、储存条件存放，冰箱通常存放一些需要冷藏的药品。

4）退库区（不合格品区）。存放待退的（有质量问题的）药品，及时按要求退库，防止产生漏退或误退等情况。

5）中药柜。是进行中药整理的中药柜台。

（3）开架区。开架区销售非处方药（OTC），并标明警示语“请按药品说明书或在药师指导下购买和使用”。主要包括解热镇痛用药、感冒用药、维生素与矿物质、胃肠道用药、妇科用药、外用药等。

（4）库存分区的标志——标示牌。

1）大标示牌。悬挂在货架上方，用来标示该区域内货架上所摆放的药品的大类，包括处方药、非处方药、保健食品、家庭健康用品、中药饮片及收银台等。

2）中标示牌。立在货架顶层中间，用来标示该货架上所摆放的药品的主要种类，包括以下几种：

①非处方药中标示牌。OTC 感冒用药、OTC 维生素与矿物质、OTC 儿科用药、OTC 止咳化痰药、OTC 外用药、OTC 清热解毒药、OTC 五官科用药、OTC 胃肠道用药、OTC 妇科用药、OTC 滋补养生品等。

②处方药中标示牌。以处方药背柜灯箱为标示形式，前玻璃柜以小标示牌标示。处方药中标示牌有抗感染用药、心脑血管用药、肝胆用药、泌尿生殖系统用药、妇科用药、止咳平喘药、五官科用药、骨伤科用药、外用药、糖尿病用药等。

3）小标示牌。粘贴在货架某层，用来标示该层（或某几层）所摆放的药品（品种少的种类及个别小类），小标示牌的内容与中标示牌相同。

总之，药品选择以及如何布置摆放是相辅相成的，门店应对照药品线目录、空间管理、陈列指引选择所售药品品项数量，并考虑到销售结构比、库存结构比、占用面积比之间的关系，从而实现药品贡献的最大化。

二、药品的陈列

良好的陈列可以给顾客经营有方、认真待客的印象，反映经营的范围和特点。药品作为一种特殊的商品，其陈列首先应符合法规的要求，其次要给人美观、有序、整齐的感觉。

1. 药品陈列的原则

按照公司空间管理原则，将药品按分类及药品线目录陈列于相应的货架位上，让每个销售人员都熟知每一种药品的摆放位置。

（1）平行、斜放原则。根据店面实际的布局，货架可采取平行打斜的方式，以达到药品的最佳展示效果。

（2）直立、平铺原则。药品正面朝向顾客，一般根据药品的数量、体积、形状、外包装采取直立、平铺、挂置等的陈列方式。药品放在货架最前端，在销售中依次向前移动。

（3）先产先出原则。即按时间顺序或批号先后，先产的药品、近效期药品摆在前面先销售，后产的或批号较后的药品摆在后面。

（4）分类纵向陈列原则。同类药品尽量陈列在同一区，货架上方应悬挂此类药品的分类标示牌，同类药品应以纵向陈列为原则，价签与药品一一对应。

（5）陈列指引标示牌、价签要求清晰、整洁、无破损。

（6）过期及破损药品不能出现在货架上。

2. 药品陈列的目标

（1）符合国家药品分类的原则和公司药品分类的要求。

（2）突出药品的功效、卖点、优点。

（3）诱导顾客的购买欲望和动机，通过陈列来调节顾客心理以最终达到顾客满意。

（4）促进关联药品的销售。

（5）促进近效期药品、积压药品的销售。

3. 具体的陈列技巧

（1）橱窗陈列。利用药品或药品广告空盒，采用不同的组合排列方法，展示主题活动药品、季节性药品、广告支持药品、新药品及重点促销的药品。

（2）专柜陈列。

1）按品牌设立。一般为同一厂商的各类药品的陈列。

2）按功能设立。将相同或关联功能的药品陈列在同一专柜。

（3）端架陈列。端架是指一组双面货架的中央陈列架的两端货架，属于货架中的黄金展示位，主要用于展示主题活动药品、季节性药品、广告支持药品、特价药品、利润高的药品、新药品及重点促销的药品等。

端架陈列可进行单一大量的药品陈列，也可几种药品组合陈列，但不宜过多，每层货架上应控制在3种以内。

（4）黄金陈列。

1）上段。陈列“希望顾客注意”的药品，即一些新药品、推荐药品、有意培养的准重点药品等。

2）黄金段。顾客最易看到、最易拿取药品的位置，是支持门店营业额的主要区域，应陈列畅销药品、重点药品、季节性药品、独家代理或广告药品等。

3）中段。陈列销售量稳定的一般药品和准重点药品等。

4）下段。陈列体积较大或中等的药品及销量较低的、滞销的药品等。

（5）大量陈列。大量陈列给顾客产生强烈的视觉效果，刺激其购买的冲动，如堆头陈列、多排面陈列等。大量陈列的药品应为新药品、促销特价药品、会员特价药品，并用海报和 POP 广告配合宣传。堆头陈列要有层次感。

（6）除去外包装的陈列。瓶装药品（如药酒、口服液等）除去外包装后陈列，吸引顾客对药品的内在质地产生直观的感受，激发购买欲望。

药品陈列的同时要注意会员特价药品、新药品、促销药品等标签和手制 POP 广告的展示，在 POP 广告上要注明药品的卖点（特点、功效、促销方式），以增加顾客的购买欲望。

三、医药商品线

1. 商品线的定义及组成

商品线是指能够实现销售的所有商品，包括核心商品线、主力商品线、QR 商品线、新商品、淘汰商品和清场商品，不包括专柜商品和订购商品。

（1）核心商品线（G）。指在同一类别中销售很好或不可缺少的，所有门店都必须经营的药品，在药品名称前标注“G”。核心药品是公司商品经营的重点，是公司药品集中采购和销售的核心。

（2）主力商品线（Z）。指在同一类别中销售较好或影响较大的，门店可以根据自己所处的区域、商圈状况和陈列货架的多少，有选择地经营药品，在药品名称前标注“Z”。该药品可被门店部分选择或全部选择。

（3）QR 商品线（Q）。QR 即 Quick Response（快速响应），指该药品虽然销售很少，但是为了提高公司对顾客的服务水平，顾客有需求时，能够快速将药品提供给顾客，在药品名称前标注“Q”。此类药品包括部分基础药品和有特殊疗效的药品，存放于公司大库、中心门店或指定门店。

（4）新商品（N）。指符合公司的药品引进政策，按新药品引进规划进行铺货试销的药品，在药品名称前标注“N”。该药品在评估转正前，只在铺货门店进行销售，其他门店不得补货。

（5）淘汰商品（T）。指该药品符合公司的药品淘汰政策，在药品名称前标注“T”。该药品进入淘汰状态后，采购部将停止采购该药品，门店可以继续销售该药品，售完为止。

（6）清场商品（C）。指该药品符合公司的药品淘汰清场条件，在药品名称前标注“C”。该药品进入清场状态后，采购部将停止采购，门店按期将药品退回配送中心，采购经理在规定时间内通知供应商，并将药品退回供应商。

2. 建立商品线的注意事项

G 商品是每个门店必须经营的，Z 商品和 Q 商品可选择，N 商品、广告商品随时关注。经营什么品种，每种药品的摆放数量，一般应根据商圈特性考虑以下因素：

（1）满足顾客需要的药品，顾客会买、必买的药品。

（2）有效利用空间、能够发挥最大效应的药品。

（3）药品价位等级的结构（高、中、低三种价位）。

（4）包装大小的结构（大、中、小三种包装）。

（5）流行性药品。

（6）经常性药品。

（7）季节性药品（季节的变化会引起需求的变化）。

（8）吸引顾客的药品（畅销药品、独家经销的药品）。

（9）关联性药品。

四、处方药的陈列

处方药必须采用封闭柜台销售，消费者必须有执业医师或执业助理医师开具的处方才能购买。处方药柜台内必须有执业药师负责审核调配处方。柜台的上方应悬挂“处方药”标志，并有警示语“请凭处方购买并在药师或执业药师指导下使用”。

柜台要透明，柜台内要按药品性能作用和药品分类管理的要求摆放药品，同时要有价格标签等；柜台外要有柜组标志。陈列时要将药品整理洁净，商标、图案要面向顾客。每个陈列单元的艺术处理都要注意到局部和整体的统一。辅助的道具要精巧别致，陈列时最好用较好的丝织物加以衬托，以表现药品的质量一流。柜台的最底层一般不能用来陈列药品，可以将储备的存货整齐地码放在那里，以充分利用柜台的空间。

五、非处方药的陈列

对于非处方药（OTC），分类要细，如分为“感冒药”“止咳药”“镇痛药”等。此外，还应悬挂非处方药标志和说明警示语“请仔细阅读药品说明书或在药师指导下购买和使用”。特价药品还可采用堆头陈列。其表现手法为规则陈列和不规则陈列，前者是把药品整齐地堆放起来，突出药品的量感；后者是把药品随意堆放起来，突出药品的便宜感。

六、中药材和中药饮片的陈列

中药材和中药饮片的货柜由饰柜柜台和后面的货柜组成，二者之间构成通道，通道宽 70～80 cm，以便于取货。

一般饰柜柜台高 85 cm，宽 60 cm，主要摆放样本药品，一些贵重的药品如人参、海马、鹿茸、冬虫夏草、燕窝等也摆放在饰柜柜台并实行上锁管理。货柜的高不超过 240 cm，深 30～35 cm，主要摆放储备药品。在中药饮片的摆放上，货柜上半部可将枸杞子、桂圆、党参、牛膝、白术、茯苓、麦冬等放入玻璃瓶内陈列；下半部放百合、黄芪、山药、杜仲、沙参、首乌等。粉末药、芳香挥发药及炭类药、炒炙类药等，用玻璃瓶、塑料瓶或瓦罐盛装，加盖放于柜台。

后面的货柜为药斗式。药斗一般根据各药使用的不同频率及药物的性质排列，尽量做到便于调配、记忆、统计盘点和补充药品。每个药斗分为 2～3 个小格，将治疗作用相近的，处方中常同方开出的药排列在一个药斗内，如黄芪、黄连、黄柏都是清热利湿药，山楂、麦芽、神曲都是消食药，这些疗效相近的药物可以放在同一个药斗内。为了方便取药，使用频率高的药物宜放在中间或配剂人员就近处的药斗内；反之，那些不经常使用的药物则放在上层或偏僻处。质重的药物放在下层，如矿物、动物、贝壳、化石。全草类或特轻的药物放在较大的抽屉内，如金钱草、旱莲草、败酱草等。

应注意以下事项：

1. 属配伍禁忌的药物不能放入同一药斗内或上下药斗内，以免抓错药。
2. 性状相似而功效各异的药物不能装入同一药斗内。
3. 易串味的药物不能与其他药装入同一药斗内。

第二节 药品的保管和养护

→ 掌握影响药品质量的因素，能够按药品性质保管好药品

→ 熟悉化学制剂、中成药、中药饮片及各种不同剂型药品的养护方法

→ 了解药品储存与保管的相关术语

→ 熟悉药品经营的商品流转与凭证管理

药品保管和养护是药品质量管理工作在流通领域中的继续，是在药品储存过程中进行的维护药品使用价值的一项重要工作。由于药品在流通过程中停留在储存阶段的时间比较长，所以药品的保管和养护工作十分重要。其主要任务是，掌握药品在储存期间的变化规律及质量检验和维护质量的有关理论、方法和技术；积极创造适宜的储存条件，采取有效措施，以保护药品质量，降低药品损耗，最大限度地实现药品的使用价值。

一、影响药品质量的因素

在药品的保管与养护过程中，影响药品质量的因素很多，主要是药品本身的内在因素和储存环境的外界因素，且各种因素对药品质量的影响是相互促进、相互影响的。因此，必须根据药品的特性，全面考虑可能引起变质的各种因素，选择适当的储存条件和保管方法，以防止药品变质或减缓变质速度。

1. 影响药品质量的内在因素

(1) 药品的化学结构与质量的关系。

1) 易水解的药品。当药品的化学结构中含有酯、酰胺、酰脲、酰肼、醚、苷键时，易发生水解反应。例如，青霉素的分子中含有β-内酰胺环，在酸性、中性或碱性溶液中易发生分解反应和分子重排反应，其分解产物与分子重排产物均无抗菌作用。故青霉素只能制成粉末，严封于容器中储藏。

2) 易被氧化的药品。当药品的化学结构中含有酚羟基、巯基、芳香胺、不饱和碳键、醇、醚、醛、吡唑酮、吩噻嗪等基团时，易发生氧化反应。例如，氯丙嗪属于吩噻嗪类化合物，在日光、空气、水分的作用下易变质失效，故应遮光、密封保存。

(2) 药品的物理性质与质量的关系。

1) 挥发性。挥发性指液态药品能变为气态扩散到空气中的性质。具有挥发性的药品如果包装不严或储存时的温度过高，可造成挥发减量。例如，乙醇、薄荷等在常温下即有强烈的挥发性，还可能引起燃烧和爆炸。

2) 吸湿性。吸湿性指药品自外界空气中不同程度地吸附水蒸气的性质。药品的吸湿性并不限于水溶性药品，某些高分子药品和水不溶性药品同样可以吸湿。药品不纯或经混合后，吸湿性可增强。例如，纯度很高的氯化钠并不吸湿，但当含有少量的氯化镁等杂质时，则表现出显著的吸湿性。

3) 吸附性。药品能够吸收空气中的有害气体或特殊臭气的性质被称为药品的吸附性。例如，淀粉、药用炭、滑石粉等因表面积大而具有显著的吸附作用，从而使本身具有被吸附气体的气味，也称“串味”。

4) 冻结性。以水或乙醇作为溶剂的一些液体药品遇冷可凝结成固体，这种固体会导致药品的体积膨胀而引起容器破裂。

5) 风化性。有些含结晶水的药品在干燥空气中易失去全部或部分结晶水，变成白色不透明的晶体或粉末，称为“风化”。风化后的药品的药效虽然未变，但影响使用的准确性，尤其是一些毒性较大的药品可因此而超过剂量，造成医疗事故。

6) 色、臭、味。药品色、臭、味是药品重要的外观性状，也是药品的物理性质之一，当色、臭、味发生变化时，经常意味着药品性质发生了变化，所以它们是保管人员实施感观检查的重要根据。例如，维生素C片由白变黄是由于发生了氧化反应；阿司匹林片出现针状结晶或浓厚的醋酸味，是由于吸湿而发生水解反应，产生了水杨酸和乙酸；某些药品的异臭、异味可能是微生物引起的发酵、腐败所致等。

此外，药品的熔化性、溶解性等均是影响药品质量的内在因素。

2. 影响药品质量的外在因素

影响药品质量的外在因素很多，这些因素对药品的影响往往是几种因素同时进行或交叉进行的，互相促进、互相作用而加速药品的变质和失效。因此，所采取的保管措施也应是综合性的。

（1）空气。空气是不同气体的混合物，主要成分是氮、氧、二氧化碳。此外，空气中还含有水蒸气和尘埃等。在被污染的空气中还混杂有二氧化硫、硫化氢、氨、氯化氢等有害气体。与药品的质量有关的主要是氧、二氧化碳。

1）氧。许多具有还原性的药品可被空气中的氧所氧化，发生分解、变色、变质，甚至产生毒性。例如，异丙肾上腺素被氧化后，可由白色变为粉红色，此时即不可供药用。

2）二氧化碳。药品吸收空气中二氧化碳而变质的作用称为碳酸化。一般来说，固体药物在干燥状态下不易吸收二氧化碳，只有少数药物在吸收空气中的二氧化碳后能发生碳酸化。绝大多数药物必须通过水作为介质，二氧化碳先与水作用生成碳酸，然后再与药物产生反应从而产生新的物质。例如，某些氢氧化物或氧化物会吸收二氧化碳而成为碳酸盐。

（2）温度。温度对药品质量的影响与储存有很大关系，任何药品都有其所适宜的温度条件。温度过高或过低都可能促使药品发生质量变化。

1）温度过高。温度的升高可促使药品发生各种变化而影响药品的质量。有些药物在气温过高的情况下，可加速化学反应而使其变质。例如，青霉素加水溶解后，在 25℃下放置 24 小时即大部分失效。过氧化氢溶液在温度过高时可加速分解以致炸裂容器。挥发油、乙醇、乙醚、氯仿、氨水在温度过高时可加速挥发而造成损失。碘、碘仿、樟脑、薄荷脑等具有升华性的药品在温度过高时可升华减量。

2）温度过低。有些药品在过低温度下，易产生沉淀、冻结、凝固甚至变质失效等现象；有的则使容器破裂而造成损失。例如，生物制品可因冻结而失去活性，乳剂可因温度过低而产生油水分离层，注射剂、水剂等在零下 5℃易冻裂。

（3）湿度。湿度对药品质量的影响很大。湿度太大，能使药品潮解、液化、变质或霉烂。湿度太小，容易使某些药品风化。湿度对药品质量的影响一般包括以下几方面：

1）吸湿。大多数药品在湿度较高的情况下，能吸收空气中的水蒸气，使药品稀释、水解、变形、发霉、变质等。

2）潮解。潮解是药品吸潮使其表面潮湿溶解的现象。例如，溴化胺、氯化胺、胃蛋白酶、颗粒状氯化钙等易吸潮而结成团块，有的甚至变成液体。

3）稀释。不少本身就是液状的药物具有吸水性，它们在潮湿的空气中吸收水分而被稀释使浓度降低影响使用。例如，甘油、乳酸、单糖浆、无水乙醇等。

4）变形。变形是药物吸潮后引起其物理形态改变的现象。例如，甘油栓剂吸潮软化变形；片剂、丸剂中的淀粉因吸潮而膨胀、破裂；胶囊剂、糖衣剂、蜜丸、干浸膏等吸潮黏结成块，其结果是易于微生物生长而霉变失效；石膏吸潮后失去膨胀硬固的作用。

5）水解。药物吸收水分后被分解变质称为水解。水分是药物水解所必需的条件，药物水解的速度与其相对湿度成正比。例如，阿司匹林在干燥状态下比较稳定，但在潮湿空气中则易缓慢水解而生成醋酸和水杨酸。

6）风化。风化是指含有结晶水的药物暴露在干燥空气中，自动失去部分或全部结晶水的现象。药物风化后，可由无色透明结晶变为白色不透明的晶体或粉末。风化后的药品，其化学性质一般并未改变，但其重量有所减少。大多数风化后的药品由于性状改变而易于察觉，有少数药品风化后，从外观性状上不易发现。例如，重硫酸奎宁含10个分子结晶水，风化前后外观性状变化很小，但会导致超过用量而造成医疗事故。常见易风化的药品有硫酸阿托品、磷酸可待因、硫酸钠、咖啡因等。

（4）光线。紫外线是药品发生分解、氧化、还原、水解等化学反应的催化剂之一。例如，肾上腺素受到光照的影响可发生氧化反应逐渐变为红色至棕色，使疗效降低或失效；又如过氧化氢溶液遇光会分解为氧和水等。在很多情况下，光线并不是孤立地发生作用，而是经常伴随空气中的氧、水分、温度等因素同时进行。所以，对光敏感的药品应密闭于凉暗处保存。

（5）微生物与昆虫。许多药品剂型（如水剂、糖浆剂、胶囊剂、片剂）及某些中药类药品都含有淀粉、油脂、蛋白质、糖类等，这些物质往往是微生物的良好培养基和昆虫的饵料。药品在空气中露置，极易混入细菌、霉菌、酵母和昆虫等，在空气湿度过高、温度适宜的条件下，微生物及昆虫便迅速在药品中生长繁殖，使药物腐败、发酵或霉变、虫蛀。一旦药物发生霉变、虫蛀，注射剂受微生物污染，口服药染有大肠埃希菌、活螨，外用药品染有铜绿假单胞菌、金黄色葡萄球菌都不可使用。

（6）时间。时间也是影响药品质量的因素之一，有些药品因其性质或效值不稳定，尽管储存条件适宜，时间过久也将逐渐变质失效。例如，抗生素、生物制品、某些脏器制剂和一些化学药品，往往都规定了一定的有效期限。对有效期药品，一定要在规定有效期内使用。少数药品虽然未作有效期规定，但因性质不够稳定放置时间过长，虽不会增加或产生严重毒性，但会影响药品质量，如乳剂、水剂、栓剂等。即使是一些性质比较稳定的药品，在储存时间过长的情况下，也有可能对其质量产生一定的影响。

除了上述因素以外，药品的包装容器及材料等因素也可对药品的质量产生影响。

二、化学制剂（西药）的养护

1. 药品储存与保管术语

《中华人民共和国药典》（以下简称《中国药典》）（2005年版）储藏项下的规定是对药品储存与保管的基本要求。以下列名词表示：

（1）遮光指用不透光的容器包装，如棕色容器或黑纸包裹的无色透明、半透明容器。

（2）密闭指将容器密闭，以防止尘土及异物进入。

（3）密封指将容器密封以防止风化、吸潮、挥发或异物进入。

（4）严封或熔封指将容器熔封或用适当的材料严封，以防止空气与水分的侵入并防止污染。

（5）阴凉处指不超过 20℃。

（6）凉暗处指避光且不超过 20℃。

（7）冷处指 2～10℃。

2. 易受光线影响而变质的药品的保管方法

（1）凡遇光容易引起变化的药品，如银盐、双氧水等，为避免光线对药品的影响，可用棕色玻璃瓶或黑色纸包裹的玻璃器包装，以防止紫外线的透入。

（2）需要避光保存的药品，如奎尼丁、氯化可的松、利多卡因、甲氧氯普胺（灭吐灵）、硝酸银等，必须保存在密闭的避光容器内，放在阴凉干燥、阳光不易直射到的地方。

（3）不常用的怕光药品可储存于严密的药箱内。存放怕光的常用药品的药橱或药架应以不透光的布帘遮蔽。

（4）见光容易氧化、分解的药物，如肾上腺素、乙醚、三氯甲烷（氯仿）等，必须保存于密闭的避光容器中，并尽量采用小包装。

3. 易受湿度影响而变质的药品的保管方法

（1）对易吸湿的药品，如复方甘草片、氯化钠和酵母片等，可用玻璃软木塞塞紧、蜡封，外加螺旋盖盖紧。对易挥发的药品，应密封后置于阴凉干燥处。

（2）控制室内的湿度，以保持相对湿度在 70%左右为宜，可辅用吸湿剂（如石灰、木炭），有条件者可设置排风扇或通风器，尤其在雷雨季节，更要采取有效的防霉措施。除使用上述防潮设备外，还应根据天气条件，分别采取以下几种措施：在晴朗干燥的天气，可打开门窗，加强自然通风；当下雾、下雨或室外湿度高于室内时，应紧闭门窗，以防室外潮气侵入。

（3）对少量易受潮药品，可采用石灰干燥器储存，即在木箱、瓦缸等容器中装入块状石灰至 1/4 容量左右，石灰层上面存放药品，待石灰吸湿变成粉状后，应及时换掉。

4. 易受温度影响而变质的药品的保管方法

（1）对怕热药品，如胰岛素、胎盘球蛋白等，可根据其不同性质要求，分别存放于阴凉处或冷处。常用的电冰箱可调节至 2～10℃。有条件者也可采用加冰的冰箱，盛冰容器应置放于冰箱上部，药品放于冰箱下部，以利于冷热空气对流，提高降温效果。对少量怕热药品的短期储存则可采用冰瓶。

（2）对挥发性大的药品，如浓氨溶液、乙醚等，在温度高时容器内压力大，不应剧烈振动。开启前应充分降温，以免药液冲出（尤其是浓氨溶液）造成伤害事故。

(3) 对易冻和怕冻的药品必须保温储藏，可以使用保温箱。

5. 麻醉药品、精神药品和放射性药品

(1) 麻醉药品、一类精神药品和放射性药品应严格执行专库（柜）存放、双人双锁保管、专人专账记录制度。

(2) 放射性药品的储存应具有与放射剂量相适应的防护装置。放射性药品置放的铅容器应避免拖拉或撞击。

(3) 入库、出库均应执行双人验收或双人复核制度。

(4) 由于破损、变质、过期失效而不可供药用的药品，应清点登记，列表上报当地药品监督管理部门处理。

6. 医疗用毒性药品

(1) 必须储存在设有必要安全设施的单独仓间内（如窗加铁栅、铁门）或专柜加锁并由专人保管，专账记录。

(2) 毒性药品的验收、收货、发货，均应由第二人复核并共同在单据上签名盖章。严防收假、发错，严禁与其他药品混杂。

(3) 对不可供药用的毒性药品，经单位领导审核，报当地有关主管部门批准后，按毒性药品的理化性质，采取不同方法，由熟知药品性质和毒性的人员指导销毁，并建立销毁档案。

7. 易燃、易爆危险药品的保存方法

易燃、易爆危险药品是指易受光、热、空气等外来因素影响而引起自燃、助燃、爆炸或具有强腐蚀性、刺激性、剧烈毒性的药品，如果处置、保管不当，都能引起爆炸、燃烧等严重事故。此类药品包括以下几种：

(1) 易爆炸品。即受到高热、摩擦、冲击后能产生剧烈反应而产生大量气体和热量，引起爆炸的化学药品，如苦味酸、硝化纤维、硝酸铵、高锰酸钾等。

(2) 自燃及遇火燃烧的药品。如黄磷在空气中即能自燃，金属钾、钠遇火后能燃烧等，其他如碳粉、锌粉及浸油的纤维药品也极易燃烧。

(3) 易燃液体。即引燃点低，易于挥发和燃烧的液体，如汽油、乙醚、石油醚、乙醇、甲醇、松节油等。

(4) 剧毒药品及杀害性药品。如氰化物（氰化钾、氰化钠）、亚砷酸及其盐类、汞制剂、钡制剂等。

(5) 腐蚀性药品。即具有强烈腐蚀性，甚至引起燃烧、爆炸和杀伤性的药品，如硫酸、硝酸、盐酸、甲酸、冰醋酸、苯酚、氢氧化钾、氢氧化钠等。

此类药品应隔离储存，保持一定的安全距离。要远离电源，不准明火操作。包装和封口必须坚实、牢固、密封，要经常检查包装是否完整无损和有无渗漏。

8. 有效期药品的保存方法

有效期药品如青霉素、链霉素等抗生素，牛痘疫苗、胎盘球蛋白等生物制品，胰岛素、催产素等生物化学药品及其他某些药品，由于性质不稳定，易受外界因素的影响，当储存一定时间后，会逐渐变质失效或降低效价。为了确保药品质量和用药安全有效，《中国药典》对上述药品制剂，根据它们性质不稳定的程度，规定了有效期。

对于规定有效期的药品，在保管过程中，应经常注意检查期限。特别对有效期限短（仅半年或一年），而进货时又往往离失效期近的药品，则更应掌握“先产先出、先进先出、近期先出、近期先用”的原则，以防过期失效而造成损失。凡过期的药品，未经检验，不得再用。因过期药品多数外观性状不正常，如有的针剂久储产生混浊或析出沉淀，不仅药效降低，而且注射后增加局部刺激。拆零销售的药品，要尽量将开瓶的药品用完后再开新瓶，以免旧药积存，出现过期失效。在保管有效期药品的工作中应注意下列问题：

（1）有些药品（如麻醉乙醚、酒石酸锑钾注射液）规定了储藏期或使用期，是指在规定时间内使用，才能确保临床使用安全有效，这一规定与有效期不同。例如，超过规定的使用期限应重新检查（复检），符合规定后才能继续使用。

（2）有效期并不等于保险期。因此，必须按药品性质于规定条件下储存。储存温度与药品质量有密切关系，温度超过规定或保管不善，即使在有效期内，也可能使药品降效或变质。

单元 4

（3）同一药品包装容器不同，则有效期不同。如注射用青霉素钠（钾），用安瓿熔封包装有效期是 4 年，以橡皮塞轧口小瓶（属“严封”）包装的，有效期仅 2 年。

（4）同一原料药的不同剂型，根据其稳定性的差异，有效期也会不同。如硫酸新霉素片、硫酸新霉素软膏有效期为 3 年，其眼药水有效期为 1 年。又如注射用盐酸金霉素有效期为 4 年，其片剂、胶囊、眼膏、软膏有效期均为 3 年。

（5）药品离开原包装时，例如将针剂离开针盒另放的，应将有效期注明在变换后的容器上，以便查对。

三、中成药的养护

1．根据原料和剂型保管

（1）中药片剂。必须储藏于阴凉干燥和通风处。对光敏感的片剂应避光储存；受潮易变质的片剂，包装内可放入干燥剂。

（2）药酒。药酒能防腐、杀菌和防虫，但应密封、避光储存。

（3）糖浆。密封、避光储存。

（4）蜜丸。易吸湿发生霉变，应密闭置于阴凉处保存，并要经常检查。

（5）蜡壳丸。通常可存放 3～4 年，但应置于阴凉处保存。

（6）水丸。水丸的含水量为 15%～30%，其颗粒疏松，易吸湿霉变，故应密闭置于阴凉处保管。

(7) 散剂。须用蜡纸包装，如七里散、参苓白术散等，可用带塞（木塞、胶塞等）容器密封，必要时蜡封瓶口，于阴干处存放。

(8) 膏药。如狗皮膏、拔毒膏等多含挥发性成分，温度过高或储存时间过久，不仅会使成分挥发，还能降低其黏度或使药层脱落，应置塑料袋内于阴凉处储存。

(9) 茶剂。同散剂。

(10) 冲剂。一般用塑料包装，应严防潮湿。

2. 根据变质类型保管

(1) 易生虫中成药。水丸、蜜丸、糊丸、散剂、片剂、冲剂如储存不当容易生虫，应储存于阴凉干燥处。温度不超过 28℃，相对湿度不超过 70%。如温、湿度过高过大，应及时采取降温吸潮措施，做好清洁卫生工作。

(2) 易发霉中成药。温度 28℃以下，相对湿度不超过 68%为宜。要勤加检查，一般以 5～7 天检查一次为宜。

(3) 易挥发散失气味中成药。储存在既凉爽干燥又不通风处。温度 28℃以下，相对湿度不超过 70%，同时按件密封，以防气味散失。

(4) 易融化泛油中成药。要储存在低温、干燥、通风和阳光不能直射处。温度不超过 25℃，相对湿度以 70%～75%为宜。

(5) 易发酵变味中成药。储存在低温通风处。温度 28℃以下，相对湿度在 75%左右，阳光不能直射。

总之，中成药大多有强吸水性，易被空气氧化，易霉变，储存时以环境干燥、密闭和阴凉为原则。因中成药多含糖、淀粉和脂肪等有机物，极易遭鼠害，应有防鼠设备。

四、中药材和中药饮片的养护

中药材和中药饮片大都含有淀粉、脂肪、糖（或糖类）、蛋白质、氨基酸、有机酸、纤维素、鞣质等成分，此外还有维生素类、无机元素。其中营养成分俱全，若温度和水分适宜则极易滋生昆虫或细菌，发生虫蛀或霉变，加速药材的变质。因此，中药材和中药饮片应储存于温度较低处并注意防潮。

1. 控制温度

中药材含水量大时易生虫并受虫蛀。昆虫生长繁殖的适宜温度为 18～35℃（22～32℃最适），应把温度控制在 17℃以下。

中药饮片的储存温度控制在 10℃以下，阳光不能直射的饮片放入陶瓷容器或棕色玻璃器皿内，密闭避光储存。可以采用空调、冷风机、制冷机等降温。

2. 控制湿度

当药材含水分 13%以内，空气相对湿度 70%以下时，霉菌、虫就会死亡，而饮片含有水分10％以内也可抑制霉菌的生长繁殖。应采取适当的方法除湿，如通风降湿、吸湿干燥、使用空气除湿机等。

3. 控制空气组成

人为创造一个密闭的环境，降低氧气的浓度。方法有以下两种：

（1）埋藏法。干沙埋藏、谷糠埋藏、锯末埋藏、稻壳埋藏等。

（2）对抗法。将某种有杀虫香气的药材与易生虫药材储存在一起。

4. 虫害的防治

（1）少量中药材的储存一般用大干燥器、大塑料袋、缸等，用石灰或硅胶为干燥剂。或用干沙子埋藏，如党参、板蓝根、山药等。

（2）用花椒防虫，适于有腥味的肉性动物药材，如乌梢蛇、祁蛇、海龙、海马等。

（3）用大蒜防虫，适于土鳖虫、斑蝥、全蝎、红娘子等。

（4）用酒精防虫，于大缸底放一开口瓶盛酒精，上码药材，如瓜蒌、枸杞子等。50 kg药材可用95％酒精0.5～1 kg，然后将缸用2～3层塑料布扎紧，用酒精蒸气杀死虫卵与成虫。

（5）用放射性元素^{60}Co［钴^{60}］产生γ射线或加速器产生的β射线进行照射。当霉菌、杂菌、害虫吸收放射线和电荷会产生自由基，破坏其正常新陈代谢，达到杀灭目的作用。此方法可用于枣仁、附子、川贝、党参、当归、黄芪、川芎等的杀虫灭菌，也可用于各类中成药制剂或仪器的灭菌。

已虫蛀的药材可按虫害轻重分开处理。凡生虫严重而有结块现象的药材不宜药用，严重霉烂变质的药材也不能药用。

五、常见易变质剂型的养护

1. 注射剂

注射剂在储存期，应根据药品的理化性质，并结合其所使用的溶剂和包装容器的特点，设置合适的保管养护条件。

（1）遮光。如盐酸肾上腺素、盐酸氯丙嗪、对氨基水杨酸钠等注射剂遇光均易变色。

（2）防热或冷藏。注射剂中有许多是有效期药品，如抗生素、生物制品、酶制剂等，受温度的影响较大，最适宜的温度是2～10℃。除冻干品外，一般不能在0℃以下保存，否则可因冻结使蛋白质变性而变质。

（3）防潮。注射用粉针目前有小瓶装和安瓿装两种。小瓶装的封口看起来很严密，但因压盖、储存、运输等原因，有可能造成密封不严。尤其在南方潮热地区，容易产生吸潮粘瓶、结块、变色等变质现象，故保管时应防潮，不能放在冰箱中。

（4）加强澄明度检查。有些钙及钠盐类注射液久储后会侵蚀玻璃，产生玻璃脱片及小白点，有些中草药注射液久储后易发生氧化、水解及聚合等反应，逐渐出现混浊和沉淀而影响质量，因此应加强澄明度的检查。

2. 片剂

(1) 防潮。片剂除含主药外，尚含淀粉等辅料，在湿度较大时，淀粉等辅料易吸湿，使片剂发生质量变异，所以片剂的保管主要是防潮。一般压制片吸潮后可发生松片、破碎、潮解、溶化、粘连等现象；包衣片吸潮后易变色、退光，易产生花斑、粘连甚至膨胀脱壳、霉变，保管时较一般片剂的要求高一些。所以，片剂应置于干燥、阴凉处保管，库房的相对湿度以60%～70%为宜。

(2) 避光。某些主药对光敏感的片剂还应避光保存。

3. 胶囊剂

(1) 防热、防潮。胶囊的主要原料是明胶，吸潮受热后易黏结变形、爆裂，易发生漏粉和霉变等现象。具有颜色的胶囊剂除出现上述现象以外，还会出现颜色不均、褪色及变色等现象。所以胶囊的保管主要是防热、防潮，应密封于阴凉、干燥处保存，但也不应过于干燥，否则胶囊会因失去水分而脆裂。

(2) 避光。某些主药对光敏感的胶囊剂还应避光保存。

4. 水剂

包括一般水剂、糖浆剂、含乙醇制剂。

(1) 一般水剂。一般水剂因主药含量较低，防腐性能差，不太稳定，如保管储存不当，极易变性。例如，芳香水剂易挥发、生霉，产生混浊与沉淀，也可遇光分解而产生异臭；溶液剂一般均不稳定，易氧化、分解、变色、沉淀；温度高时胶体溶液会被破坏，温度过低时胶体溶液易析出沉淀；温度升高可使乳剂凝结或水解，温度降低可使乳剂冻结分层。所以，一般水剂应密封于凉暗处保存，冬季应考虑防冻。

(2) 糖浆剂。糖浆剂如制备及储存不当，极易产生霉败、沉淀和变色等质量变异，热、光等因素均能使糖浆剂发生上述变化。因此，保管糖浆剂的关键在于防止霉败，主要措施是防热、防污染。糖浆剂应密闭保存于凉暗处，库房温度一般不超过25℃。

(3) 含乙醇制剂。由于乙醇本身具有较好的防腐作用，所以当制剂中乙醇含量达20%以上时，制剂一般不易因霉变而变质。但由于乙醇的沸点只有78℃，所以如果包装不严或库房温度过高，就可使乙醇挥发，使原来溶于乙醇的成分重新析出，制剂的质量会因此而发生变异。故含乙醇制剂应密封于凉暗处保存，以免乙醇因受热而挥发。

5. 软膏制剂

软膏制剂的储存期限与所用基质及药品的性质、储存条件、容器和包装的形式等有关。

(1) 防热、防冻。软膏剂应密封于30℃以下保存；乳剂基质和水溶性基质制成的软膏，冬季还应防冻，以免水分与基质分离，失去其均匀性。

（2）防“串味”。具有特殊臭味的软膏剂，应置阴凉处，并与一般药品分开存放，以防“串味”。

（3）防重压。锡管装软膏剂要防止重压；塑料管装软膏剂应避光并防止重压与久储；玻璃瓶装软膏剂应防止碰撞，以免破碎，并不得倒置。

6．栓剂

栓剂和软膏剂一样，其储存期限与所用基质及药品的性质、储存条件、容器和包装的形式等有关。

（1）防热。由于栓剂的熔点接近体温，若储存温度过高，可使其熔化变形、发霉变质；但若储存温度过低又可使其变脆干裂。所以，栓剂一般应在30℃以下密封保存。

（2）防潮、防干燥。以甘油明胶做基质的栓剂吸湿性强，吸湿后不透明并有“出汗”现象，干燥时又易干化，故应密封于玻璃瓶中保存。

六、药品养护的基本要求

1．养护工作内容

药品养护的各项工作内容都应围绕保证药品储存质量的目标。其主要工作内容有以下方面：

（1）根据质量管理要求和GSP有关规定，检查和指导保管人员，正确分库、分类、堆垛存放药品，实行色标管理，纠正药品存放中的违规行为。

（2）检查在库药品的储存条件，做好库房温湿度的检测和管理、记录（见表4—1）。及时采取防鼠、防虫、防霉、防火等相应的措施，保证在安全合理的条件下储存药品。

表4—1 **库房温湿度记录表**

（______年______月）

库区：______ 表号：______ 适宜湿度范围：______℃ 适宜相对湿度范围%

日期	上午					下午					记录员
	库内温度（℃）	相对湿度（%）	调控措施	采取措施后		库内温度（℃）	相对湿度（%）	调控措施	采取措施后		
				库内温度（℃）	相对湿度（%）				库内温度（℃）	相对湿度（%）	
1											
2											
3											
4											
5											

（3）坚持预防为主的原则，根据药品流转情况、季节变化和市场药品质量动态，确定重点养护的药品品种（见表4—2）及养护方案，拟订药品养护计划。

表4—2　　重点养护药品品种确定表

编号：　　　　　　　　　　　　　　　　　　　　　　　　　　时间范围：

序号	通用名称	商品名称	规格	剂型	有效期	生产企业	确定时间	确定理由	养护重点	备注

审批人：　　　　　　　　　　　　　　　　　　　　　　　　　　养护员：

根据养护计划，对库存药品进行循化质量检查。根据药品的特性，采取正确的方法进行科学养护。

（4）养护检查中发现质量有问题的药品，应挂黄牌暂停发货，分析问题，并及时通知质量管理部复查。根据质量复查结果和处理要求（见表4—3）及时采取相应措施。

表4—3　　药品质量复查报告单

编号：

通用名称		商品名称		规格	
批准文号		生产批号		储存地点	
生产企业					
购进日期		数量		供货单位	
复查原因 报告人：　　年　月　日					
复查情况 复查人：　　年　月　日					
质量复查结论及处理意见 质量管理部门：　　年　月　日					

说明：本表一式三联，一联申请复查部门留存，二联质量管理部门复查后留存，三联复查后返回申请部门。

（5）每月汇总、分析和上报养护检查、近效期或长时间储存的药品等质量信息（见表4—4）。为药品和供应商的评审提供切实可靠的依据。

表4—4　　库存药品质量养护记录

编号：　　　　　　　　　　　　　　　　检查日期：　　年　月　日

日期	货位	商品名称	通用名称	规格	生产企业	生产批号	批准文号	有效期至	单位	数量	质量情况	养护措施	处理结果	备注

养护员：

（6）建立健全药品养护档案（见表4—5）。特别是以下重点控制药品：用户反映有质量问题的药品；首营品种；储存时间较长，接近或超过负责期的在库药品。

表4—5　　药品养护档案表

编号：　　　　　　　　　　　　　　　　建档日期：

品名		规格		生产企业		有效期	
别名		批准文号		地址		负责期	
外文名				注册商标		使用期	
用途				生产许可证号			
质量标准				检验项目			
性状				包装情况	内		
储藏要求					中		
					外	体积	

质量问题摘要	年月日	生产批号	质量问题	年　月　日	生产批号	质量问题

(7) 正确使用养护仪器设备、温湿度监控仪器、计量仪器及器具，并负责定期检查维护等管理工作，确保养护设施设备和监控仪器正常运行并做好记录（见表4—6），保证企业所用计量器具的准确性。

表4—6　　养护设备使用记录

编号：

设备名称		设备编号		放置地点		
记录日期	使用原因	开始时间	停止时间	运转情况	操作人	备注

(8) 做好养护试验工作，为药品储存养护提供科学依据。

2. 养护职责与分工

药品养护是一项涉及质量管理、仓储保管、业务经营等方面的综合性工作，按照工作性质及质量职责的不同，要求各相关岗位必须相互协调与配合，保证药品养护工作的有效开展。

(1) 质量管理人员负责对养护人员进行业务指导，审定药品养护工作计划，确定重点养护品种，对药品养护人员上报的质量问题进行分析并确定处理措施，对养护工作的开展情况实施监督考核。

(2) 仓储保管员负责对库存药品进行合理储存，对仓库温湿度等储存条件进行管理，按月填报“近效期药品催销表”，协助养护人员实施药品养护的具体操作。

(3) 养护人员负责指导保管人员对药品进行合理储存，定期检查在库药品储存条件及库存药品质量，针对药品的储存特性采取科学有效的养护方法，定期汇总、分析和上报药品养护质量信息，负责验收养护储存仪器设备的管理工作，建立药品养护档案。

3. 重点养护品种

药品的储存质量受储存环境和药品性状的制约和影响，在实际工作中，应根据经营药品的品种结构、药品储存条件的要求、自然环境的变化、监督管理的要求，在确保日常养护工作有效开展的基础上，将部分药品确定为重点养护品种，采取有针对性的养护方法。

重点养护品种范围一般包括主营品种、首营品种、质量性状不稳定的品种、有特殊储存要求的品种、储存时间较长的品种、近期内发生过质量问题的品种及药监部门重点监控的品种等。重点养护的具体品种应由养护组按年度确定及调整，报质量管理机构审核后实施。

七、药品经营的商品流转和凭证管理

1. 药品的入库流程

（1）库管员根据订单收货。

（2）库管员开箱，用 POS 机扫描药品。

（3）按来货比例的 15%开箱查验。

（4）库管员签收进货单给供应商。

（5）供应商接单返回。

（6）库管员将药品运送入库。

（7）库管员登记台账，如实填写药品入库单（见表 4—7）。

表 4—7　　药品入库单

单据编号：　　制单日期：　　销售方式：　　供货单位：

商品归属：　　收货地点：　　进货日期：　　订单号码：

编码	品名规格	品牌	产地	单位	包装系数	箱数	税率	售价	进价	数量	金额

单元 4

2. 药品的出库流程

（1）门店每日 8：30—9：30 向库房请货。

（2）库管员每日 8：30—9：30 根据请货信息核对药品库别（存货区）。

（3）库管员按单实际拣货。

（4）将数据确定后，如实填写药品出库台账（见表 4—8）。

表 4—8　　药品出库台账

店内码	商品名称	进货	日期	出货	日期	存款	备注

（5）门店按单接货验收上架。

3. 门店药品报损流程

（1）库管员定期清理库内残次品。

（2）库管员写明原因，进行申报。

（3）采购员联系供应商，确认无法退回，如实填写药品报损表（见表4—9）。

（4）采购组长接单审批签字。

（5）转交库管员，整理预报损药品。

（6）采购员制作系统单。

（7）采购组长签字后报总店长签字。

（8）采购组长接批单后，安排库管员减账。

（9）库管员将相关药品做报损处理。

表4—9 **药品报损表**

日期： 年 月 日 至 年 月 日

编　码	名　称	周一报损数	周二报损数	周三报损数	周四报损数	周五报损数	周六报损数	周日报损数	合　计

店号： 店别： 店长签字： 采购员签字：

采购组长签字： 总店长签字：

4. 门店药品退货流程

（1）后台接前店退货通知。

（2）前店整理退货，制作三联退货单。

（3）库管员接货验收，确认签字。

（4）库管员将所退药品运至退货区。

（5）库管员通知采购人员退货。

（6）采购人员通知供应商退货。

（7）供应商应约来库退货，制作退货单。

单元 4

(8) 供应商签字确认。

(9) 库管员登记台账。

单元测试题

一、填空题（请将正确的答案填在横线空白处）

1. ＿＿＿＿＿、＿＿＿＿＿、＿＿＿＿＿以及＿＿＿＿＿是门店药品配置的主要依据。

2. 含结晶水的药品在干燥空气中自动失去部分或全部结晶水的现象，称为＿＿＿＿＿。

3. 药品出库应遵循“＿＿＿＿＿、＿＿＿＿＿、＿＿＿＿＿、＿＿＿＿＿”的原则。

4. 影响药品质量的外在因素包括＿＿＿＿＿、＿＿＿＿＿、＿＿＿＿＿、＿＿＿＿＿、＿＿＿＿＿和＿＿＿＿＿。

二、判断题（下列判断正确的请打“√”，错误的请打“×”）

1. 药品储存条件中，如指明存于冷处，是指0℃。（　）

2. 对有效期短的药品，应先产先出，近期先用。（　）

3. 麻醉药品入库前，应有两人开箱验收、清点，两人签字。（　）

4. 端架展示的药品在每层货架上应控制在四种以内。（　）

5. 门面小的小型药店可以将处方药与非处方药摆放在一个柜台中销售。（　）

三、简答题

1. 简述处方药和非处方药的陈列要求。

2. 影响药品质量的因素有哪些？

单元测试题答案

一、填空题

1. 药品分类　药品线目录　空间管理　门店具体商圈状况　2. 风化　3. 先产先出　先进先出　近期先出　近期先用　4. 空气　温度　湿度　光线　微生物与昆虫　时间

二、判断题

1. ×　2. √　3. √　4. ×　5. ×

三、简答题

答案略。

理论知识考核试卷（一）

一、填空题（请将正确的答案填在横线空白处；每题 2 分，共 10 分）

1. 基本的仪态仪表包括______、______、______、______四个方面的内容。

2. 处方药必须凭______才可调配、购买和使用；零售药店对处方必须留存______年以上备查。

3. Ⅰ型糖尿病必须用______治疗，Ⅱ型糖尿病宜采用______治疗。

4. 销售前的准备工作主要有______、______、______三个方面。

5. 药品出库应遵循______、______、______、______的原则。

二、判断题（下列判断正确的请打"√"，错误的请打"×"；每题 2 分，共 10 分）

1. 执业药师或药师必须对医师处方进行审核、签字后依据处方正确调配、销售药品，发现处方不当之处应该及时改正。（　　）

2. 抑制胃酸分泌的药物奥美拉唑是 H_2 受体阻断药。（　　）

3. 他汀类药物是降血脂药。（　　）

4. 麻醉药品入库前，应有两人开箱验收、清点，两人签字。（　　）

5. 药品储存条件中，如指明存于冷处，是指 0℃。（　　）

三、单项选择题（下列每题的选择中，只有 1 个是正确的，请将其代号填在横线空白处，每题 2 分，共 20 分）

1. 下列说法错误的是__________。

   A. 处方药必须凭执业医师或执业助理医师处方调配、购买和使用

   B. 处方药不得采用开架自选销售方式

   C. 普通商业企业不得销售处方药和甲、乙类非处方药

   D. 处方药、非处方药应当分柜摆放

   E. 销售处方药和甲类非处方药的零售药店必须配备驻店执业药师或药师以上药学技术人员

2. 下列关于处方药和非处方药的分类管理的描述中，不正确的是__________。

   A. 处方药必须凭执业医师或执业助理医师处方才可调配、购买和使用

   B. 非处方药的包装上必须印有 OTC 非处方药专有标志

   C. 非处方药根据其安全性分为甲、乙两类

   D. 销售处方药和甲类非处方药的零售药店必须配备高中以上文化程度的有上岗

证的人员

E. 处方药不得采用开架自选方式销售

3. 下列有关非处方药的说法中不正确的是＿＿＿＿＿。

A. 根据药品安全性，非处方药分为甲、乙两类

B. 非处方药的包装必须印有国家规定的非处方药专有标志“OTC”

C. 一般商业企业（如大型超市）可零售甲类非处方药

D. 非处方药可以利用媒体进行宣传

E. 在药品零售网点数量不足、布局不合理的地区，普通商业企业可以销售乙类非处方药

4. 地西泮不具有＿＿＿＿＿作用。

A. 抗癫痫　B. 抗抑郁　C. 抗惊厥

D. 治疗惊恐症　E. 治疗老年性震颤

5. 阿托品的作用不包括＿＿＿＿＿。

A. 镇痛　B. 抗炎　C. 解热

D. 抗风湿　E. 促进血小板聚集

6. 硝酸甘油最基本的作用是＿＿＿＿＿。

A. 降低心肌收缩力　B. 缩短心脏射血时间

C. 增加回心血量　D. 松弛血管平滑肌

E. 直接降低心肌耗氧量

7. 合理用药的基本要素包括＿＿＿＿＿。

A. 安全性　B. 有效性　C. 经济性

D. 适当性　E. 以上均正确

8. 下列关于药品销售与服务的说法中，不正确的是＿＿＿＿＿。

A. 营业时间内，营业员及执业药师在岗时应佩戴胸卡

B. 药品销售可采用有奖销售方式

C. 处方药不可采用开架自选方式销售

D. 非处方药可不凭处方销售

E. 销售处方药时药师应审核、签字后发放

9. 下列关于零售药店陈列药品的质量要求的说法中，不正确的是＿＿＿＿＿。

A. 无重大不良反应的处方药可不必放在处方柜中闭架销售

B. 处方药与非处方药应分柜摆放

C. 药品与非药品、内服药与外服药应分开存放

D. 拆零药品统一存放在拆零专柜中，并保留原包装的标签、说明书

E. 药品应按剂型或用途及储存要求分类陈列和储存

10. 下列关于药品出库的说法中，错误的是__________。

A. 应遵守“先产先出，近期先出”的原则

B. 药品出库质量跟踪记录应保存超过有效期 2 年

C. 麻醉药品、一类精神药品、医疗用毒性药品应遵守双人核对制度

D. 药品出库应进行复核和质量记录

E. 药品销售记录应记载药品的品名、剂型、规格、有效期、生产厂商等项内容

四、简答题（每题 15 分，共 60 分）

1. 药品包装的原则及其注意事项有哪些？
2. 口服降血糖药分为哪几类？每一类各举一例并作简要介绍。
3. 老年人用药都有哪些注意事项？
4. 药品养护工作有哪些内容？

理论知识考核试卷（二）

一、填空题（请将正确的答案填在横线空白处；每题2分，共10分）

1. 国家对药品实行______和______分类管理制度。

2. 药物选择的基本准则是保障用药的______、______、______、______，维护身体健康。

3. 非处方药专有标志图案分为______和______两种，______专有标识用于甲类非处方药药品，______专有标识用于乙类非处方药药品和用作指南性标志。

4. 商品销售程序一般经过______、______、______、______、______、______六个步骤。

5. 处理顾客异议时，一般应遵循______、______、______、______四个步骤。

二、判断题（下列判断正确的请打"√"，错误的请打"×"；每题2分，共10分）

1. 销售处方药和甲类非处方药的零售药店必须配备驻店执业药师或药师以上药学技术人员。（　）

2. 呋塞米是高效利尿剂，螺内酯是中效利尿剂。（　）

3. 心绞痛发作时，应将硝酸甘油片嚼服吞下。（　）

4. 阿卡波糖适用于餐后血糖明显升高者。（　）

5. 门面小的小型药店可以将处方药与非处方药摆放在一个柜台中销售。（　）

三、单项选择题（下列每题的选项中，只有1个是正确的，请将其代号填在横线空白处；每题2分，共20分）

1. 下列消化系统药物是H_2受体阻断药的是__________。

A. 雷尼替丁　　B. 奥美拉唑　　C. 硫糖铝

D. 多潘立酮　　E. 枸橼酸铋钾

2. 下列药品不属于氨基糖苷类的是__________。

A. 庆大霉素　　B. 妥布霉素　　C. 克拉霉素

D. 阿米卡星　　E. 链霉素

3. 药物的副作用是__________。

A. 药物治疗剂量下出现的与治疗目的无关并可预料的作用

B. 药物应用不当产生的作用

C. 因病人的组织缺陷产生的作用

D. 药物剂量过大产生的作用

E. 不可预料的严重反应

4. 糖皮质激素不宜用于__________。

A. 严重感染　　B. 病毒性感冒

C. 严重哮喘　　D. 青霉素过敏性休克

E. 创伤修复期

5. 下列关于老年人用药的说法中错误的是__________。

A. 老年人因用药不当而引起不良反应的发生率为15%～20%

B. 尽可能减少用药种类，同时合用的药物以不超过3种为宜

C. 老年人用药的剂量一般为成人剂量的1/2

D. 老年人不可滥用滋补药或抗衰老药，中药和西药不能随意合用

E. 适合老年人服用的药物剂型一般以液体剂型为主

6. 下列关于药品养护的说法中错误的是__________。

A. 应根据GSP有关规定，正确分库、分类、堆垛存放药品，实行色标管理

B. 养护检查中发现质量有问题的药品，应挂黄牌暂停发货

C. 检验合格的药品库区用绿牌表示

D. 不合格药品库区用红牌表示

E. 养护检查近效期或长时间储存的药品质量信息应每季度上报、汇总、分析

7. 关于《中国药典》(2005年版) 储藏项下的规定说法错误的是__________。

A. 遮光指用不透光的容器包装，如棕色容器或黑纸包裹的无色透明、半透明容器

B. 密封指将容器熔封或用适当的材料严封，以防止空气与水分的侵入并防止污染

C. 密闭指将容器密闭，以防止尘土及异物进入

D. 阴凉处指不超过20℃

E. 凉暗处指避光且不超过20℃

8. 下列关于药品销售记录的说法中错误的是__________。

A. 药品销售记录是业务部门对发生的实际销售情况所作的记录

B. 进行药品销售记录的目的是对业务销售的合法性进行有效监督，并对药品的销售去向进行有效的跟踪

C. GSP要求企业销售部门应负责建立药品销售记录

D. 药品销售记录应保存至超过药品有效期1年，但不得少于2年

E. 药品销售记录应记载药品的品名、剂型、规格、有效期、生产厂商等项内容

9. 下列不属于特殊特管理的药品是__________。

A. 放射性核素制剂，如^{60}Co　　B. 盐酸吗啡注射剂
C. 阿托品注射剂　　D. 司可巴比妥片
E. 盐酸氯丙嗪注射剂

10. 下列有关药品储存和养护的叙述中不正确的是__________。
A. 对近效期药品应按月填报效期报表
B. 药品储存应实行色标管理
C. 退货记录应保存 3 年
D. 对库房的温度、湿度应每周记录 1 次
E. 不合格药品应存放于不合格品区并作明显标志

四、简答题（每题 15 分，共 60 分）

1. 治疗心绞痛的药物有几类？每类各举一例并简要说明。
2. 影响药品质量的因素有哪些？
3. 药物选择的基本原则是什么？
4. 简述处方药和非处方药的陈列要求。

理论知识考核试卷（一）答案

一、填空题

1. 仪表要求　着装要求　表情言谈　行为举止　　2. 处方　2　　3. 胰岛素　口服降糖药　　4. 环境准备　物资准备　人员准备　　5. 先产先出　先进先出　近期先出　近期先用

二、判断题

1. ×　　2. ×　　3. √　　4. √　　5. ×

三、单项选择题

1. C　　2. D　　3. C　　4. B　　5. E　　6. D　　7. E　　8. B　　9. A　　10. B

四、简答题

答案略。

试卷

理论知识考核试卷（二）答案

一、填空题

1. 处方药　非处方药　　2. 安全性　有效性　经济性　适当性　　3. 红色　绿色　红色　绿色　　4. 售前准备　接近顾客　展示介绍　异议处理　促成交易　收款送客　　5. 缓冲　探询　聆听　答复

二、判断题

1. √　　2. ×　　3. ×　　4. √　　5. ×

三、单项选择题

1. A　　2. C　　3. A　　4. B　　5. C　　6. E　　7. B　　8. D　　9. C　　10. D

四、简答题

答案略。

试卷